＼勉強のやり方がわかる！／

中学生からの最強のノート術

勉強のやり方専門塾
ネクサス代表
著 伊藤敏雄

ナツメ社

はじめに

ノートをうまく活用して、勉強する力を身につけよう！

はじめまして、この本を執筆した伊藤敏雄です。私はふだん、小中高校生を対象にした塾でほぼすべての教科を教えながら、全国で中高生や保護者に勉強のやり方などの講演活動なども行っています。

この本はよい成績をとっている中学生が、どうやって勉強しているかをまとめた本です。特に学校では教えてもらうことがないノートの書き方にスポットをあててみました。

勉強ができない子に共通しているのが、ノートを軽視していることです。というよりも、ノートの使い方がまちがっているのです。テスト前にノートを見直さずに、ただ、教科書をながめるだけだったりノートに教科書や参考書のまとめ欄を書き写すだけだったりします。

授業を受けたはずなのにその内容をふり返ることがなく、自分でまとめノートを一からつくって勉強しようとしている人もいます。これでは授業で学んだことが無駄になってしまいます。それに、まとめノートをつくる手間を考えると、どう考えても効率の悪い勉強になってしまいます。

一方で、勉強ができる子に共通しているのが、ノートをうまく活用していることです。問題集の問題をノートにといたり（問題演習）、重要なことだけにしぼってまとめたりしています。そして、テスト前には必ず自分が書いたノートを見直しています。

「いったいどうしたらノートを上手に活用できるのか？」

その疑問に答えるために生まれたのがこの本です。ノートを使って上手に勉強できる子の工夫の仕方やポイントなどを、実際のノートの事例をとり上げながら紹介しています。

勉強ができる子がやっているノートの上手な使い方は4つあります。まずは、学校の授業や動画などのポイントをまとめる「**授業ノート**」です。新しい単元のことやその単元でのポイントなどをまとめることが大切です。

次に、まちがえた問題をとき直す、「**直し（とき直し）ノート**」です。教科書や動画を見ると、なんとなくわかったつもりになりますが、実際に問題をといてみるととけないということがよくあります。問題をときながら力をつけるのが勉強の王道です。

そして、今までやってきた勉強の中で、特にできなかったことやわかりにくいことをまとめる「**まとめ（ふり返り）ノート**」です。最近では学校でふり返りとして、授業の感想などを書くことが多くなりました。しかし、ふり返りはただ感想を書くだけではありません。次にどんなことをやったらよいかを考えることが大切です。

最後に、自分の興味のあることをとことん掘り下げる「**探究ノート**」です。教科書では学べないことを突き詰めたノートです。

これら4つのノートの使い方をマスターすることで、学校のテストでの得点力アップはもちろん、自分で考える力や勉強する力を身につけることができます。ぜひ最後まで読んで、ノート術を身につけてください。

伊藤敏雄

ノートを上手に使えると勉強のやり方が変わる！

小学生のときは、ノートを使って勉強することがあまりなかったと思います。しかし、中学校では2か月くらいの間に勉強したことについて、まとめて定期テストを受けるため、ノートを使って勉強しないと、忘れていることがいっぱいで復習ができません。復習ができないと定期テストの勉強はできません。中学校では勉強のやり方、つまり、ノートの活用法を身につける必要があるのです。

ノートの役割は「わかる」と「わからない」を分けること！

テスト勉強でもっとも大切なことは、自分がわかっている問題とわかっていない問題を「分ける」ことです。ところが、「わかる」「わからない」は自分でもよく区別できません。そこで、次のように考えましょう。

できた問題 → **わかっている問題**

できなかった問題 → **わかっていない問題**

↓

中学校での勉強は、できなかった問題をくり返しやればいい！

簡単に言ってしまえば、勉強とはできなかったことをできるようにすることです。

そのためにはノートを上手に使える必要があります。といっても、教科書の本文を丸写ししたり、英単語を何回も書いたりする必要はありません。これはノートを埋めることが目的になってしまい、肝心のできなかった問題をできるようにすることにはならないからです。

できなかった問題をできるようにするには、まず、**どんな問題ができなかったのか**を知ろう！

ノートにはそれぞれ役割があり、ねらいに応じて使い分ける必要があります。できなかった問題ができるようになるためには、実際にできなかった問題だけをといてみる、「直し（とき直し）ノート」をつくるのが一番です。

ノートと言うと、授業の内容をまとめる「授業ノート」を真っ先に思い浮かべる人が多いかもしれませんが、この「直しノート」やまちがえやすいことをまとめた「まとめノート」を使うことで、できなかった問題がどんどんとけるようになっていきます。

この本では、これら3種類のノートと、自分の興味関心を深める「探究ノート」を加えた4種類のノートの使い方を紹介します。

ノートの効果は
①考えていることが見え、②記憶に残りやすいこと！

効果1 考えていることが見えるようになる！

あなたは数学の問題をとくとき、メモをとらずに頭の中だけで考えて答えを求められるでしょうか。きっとちがうと思います。計算問題なら途中の計算式を書いてとくはずです。

これは自分が考えていることを一時的に整理するためです。勉強は、このように思考を整理しながら考えたり、問題をといたりする必要があります。

ノートを使って勉強すると、考えていることが見える（わかる）という効果があります。私は、これを「思考の見える化」と呼んでいます。

ノートの効果は、考えていることが見えるようになること！

みなさんが、今まで何を習ってきて、何ができるようになったのか。どんな問題ができなかったのか、そして、できなかった問題はなぜできなかったのか。復習やテスト勉強をするためのヒントが、ノートにかくれているはずです。

自分の考えを「見える化」させるためにも、「授業ノート」「直しノート」「まとめノート」「探究ノート」の４つのノートを使い分けるようにしましょう。

効果2 記憶(きおく)に残りやすくなる！

もうひとつ、ノートを書くことには、記憶(きおく)に残りやすいという効果があります。漢字や英単語を覚えるときも、ただながめるよりも実際に書いたほうが覚えやすいはずです。

でも、ノートに書けば何でも覚えられるわけではありません。人によって差はありますが、記憶(きおく)できる量には限界があります。

ですから、何をどう覚えたらよいのか、次のように工夫(くふう)してノートに書くとよいでしょう。

ノートを書くときのポイント

ポイント1

ちがいや似ているところを書いておく

ポイント2

具体的な例を書いておく

ポイント3

なぜそうなるのか根拠(こんきょ)・理由を書いておく

理由を書く、
具体的な例を書く
など、記憶に残る
工夫をしよう！

4つのノートを、ねらいに応じて使い分けよう！

その1 授業ノート

ノートといえば、真っ先に思いつくのが授業用のノートですね。

板書をただ写すだけでなく、「なぜ」や「例えば」といった根拠や具体例を書き加えたり、自分なりにわかる言葉で説明を加えたりすることで、わかりやすいノートになります。

第2章へ

その2 直し（とき直し）ノート

数学や英語などは、問題集をくり返しとく練習が必要です。そのために活用するのが「直しノート」です。

問題集をといて、できなかった問題（まちがえた問題）をくり返しとく、「とき直し」をしましょう。

第3章へ

できた問題は何度もとかなくていい。**まちがえた問題だけくり返し**とこう！

その 3

まとめ（ふり返り）ノート

「まとめノート」は、問題集のとき直しをやってみて、何度もまちがえる問題を整理し、ふり返るときに活用します。

例えば、天台宗を開いたのは最澄、真言宗を開いたのは空海ですが、どっちがどっちかわからなくなることがよくあります。この場合は、天台宗→最澄（てんさい）、真言宗→空海（しんくう）と語呂合わせをつくるなどの工夫をします。

→ 第 **4** 章へ

その 4

探究ノート

「探究ノート」は学校の勉強とは関係なく、自分の好きなことやもっと知りたいことを書きましょう。

好きなアニメやマンガ、好きな乗り物、好きなスポーツなどを題材に、興味のあることを自由に調べてまとめるのが探究ノートです。

→ 第 **5** 章へ

探究ノートは自分がくわしく知りたいことを、楽しく調べてまとめるノート！

第1章 最強のノート術

第2章 授業ノート術

第3章　直しノート術

第4章　まとめノート術

第5章 探究ノート術

第6章 成績アップ術

第1章

最強のノート術

目的にあわせてノートをつくろう！

ノートはただ書くだけでは効果はありません。
「何を覚えるべきか?」「わからないことは何か?」を考えながら使うことが大切です。
ここでは、次のようにねらいに応じてノートを使いわけるには、どうしたらよいかを紹介（しょうかい）していきます。

この章のポイント

- ノートを書く目的

  覚えたり思考を整理したりする

- ノートを書くときの原則

  意味を考える、ちがいをまとめる、よい反復練習をする

- ノートの使い分け

  授業ノート、直しノート、まとめノート、探究ノート

- ノートを書くときの注意点やテクニック

  日付やページ数を書く、記号を使う、色の使い方など

ノート術のキホン
「授業ノート」

とけなかった問題をとき直す
「直し（とき直し）ノート」

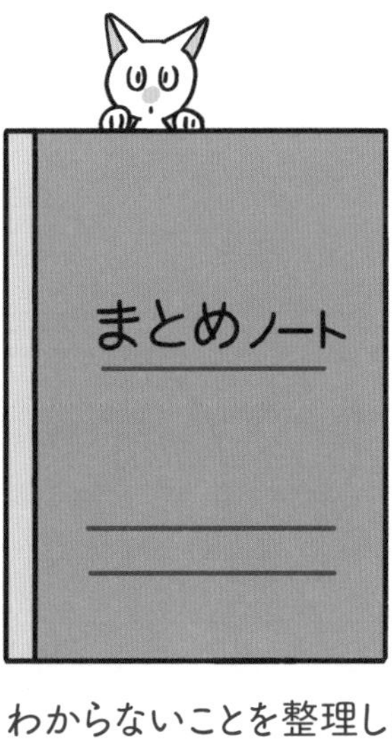

わからないことを整理した
「まとめ（ふり返り）ノート」

教科書にない学びを求めた
「探究ノート」

①ノートには「ねらい」がある

ノートを書くだけで満足しない！

ノートの目的は、覚えたり考えたりすること

いきなりですが、クイズをやってみたいと思います。成績がよい人がやっているノートの書き方として正しいものに○、まちがっているものに×をつけましょう。

ノートにまつわるクイズ

1. すき間ができないようにつめて書いたほうがよい　（　　）
2. 日付やページ数などを書いたほうがよい　（　　）
3. 何回も何回も書き取りしたほうがよい　（　　）

解説をしていきながら答え合わせをしましょう。ノートを書くことのねらいは2つです。1つめは覚えることで、2つめは思考を整理することです。

ノートを書くことのねらい

ねらい（目的）	方法（手段）
①覚えること ②思考を整理すること	書くこと

覚えたり整理したりするためにノートを書くんだね！

例えば、都道府県の名前と場所を覚えようと思った場合、ノートに地図をかいてみましょう。

名前と場所を覚えることが目的なので、ノートに「秋田秋田秋田」と名前だけを書き取りしてもあまり意味はありません。あるいは、そもそもノートに書かずに白地図を見て、県名を「青森、秋田、山形、岩手…」と声に出して言ってみるという方法もあります。

また、ノートはたくさん書くことよりも、あとで見直したときの見やすさやわかりやすさが大切になります。そのためにすき間をつくって書いたり、日付やページ数を書いておいたりしたほうがよいですね。

というわけで、正解は以下のようになります。

【クイズの正解】

1（×） 2（○） 3（×）

②ノートで思考を整理する

どうしたらまちがえなくなるか、考えながら書く

答えを書くだけでは何をまちがえたのかがわからない

数学でよくあるまちがいは、計算ミスです。途中の計算式を書いていないと、何をどうまちがえたのかわかりません。

数学のノート例

途中の計算式なし

$(-2)^3+2$

$=-4$

何をどう
まちがえた
のかな？

途中の計算式あり

$(-2)^3+2$

$=-6+2$

$=-4$

$(-2)^3=-6$ と
まちがえたことが
わかる！

途中の計算式を書いておくと、どこでどうまちがえたのかがよくわかります。

次に、英語のノートを見てみましょう。まちがったつづりで書いていませんか。英文のルール通り書いていますか。

英語のノート例

you are a soccer prayer

英語は、つづりがまちがっていたり文頭が大文字になっていなかったりということがよくあります。また「.」ピリオドのつけ忘れもあります。ノートを見直してみて、まず、まちがいがないか探してみましょう。そして、どんなまちがいをしたのか注意点を書きこんでおきます。

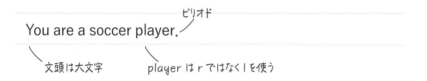

ピリオド

You are a soccer player.

文頭は大文字　　player は r ではなく l を使う

また、英文のルールや大切な文法事項がないか考えて、書き足しておくのもよいでしょう。

Are you ＿ a soccer player ?

疑問文は is や are を前に出す!

理科や社会でも、裸子植物と被子植物などの似たものを混同したり、地球儀を「地球義」と書いてしまうような漢字のまちがいがよくあります。

どうしたらまちがえなくなるかを考えながら書くことも、ノートを書くときに大切なことです。

③ノートを書くときの原則1

意味、具体例、根拠を考える「精緻化」

意味を考えて書く

ノートを書くときは「これってどういう意味だろう」と考えながら書くことが大切です。例えば、京浜工業地帯は東京と横浜に広がる工業地帯です。

社会のノートの例

京浜工業地帯：東京と横浜に広がる工業地帯

このように漢字などから意味を考えて覚えることを、精緻化といいます。また、具体例や根拠を考えて覚えるのも精緻化のひとつです。

具体例を考えて書く

自然数は正の整数と言われても、ピンとこない人も少なくないでしょう。0は分数でも小数でもないので整数ですが、+や−の符号はつかないので正の数でも負の数でもありません。

自然数を「正の整数」と定義だけ書くのではなく、1、2、3…など具体的な数字の例もあわせて書くようにします。

数学のノートの例

整数の分類

・正の整数：1、2、3……

・0

・負の整数：−1、−2、−3……

「自然数」とは正の整数、例えば1、2、3…など

根拠を考えて書く

英語で三人称単数現在形というものを習います。これは主語が三人称単数で現在の文のときに、動詞に s をつけるルールのことです。

〈問題例〉

次の英文に適する語を（　）の中から選び、丸で囲みましょう。

She（ study, studies ）English.

It（ rain, rains ）.

They（ play, plays ）tennis.

she も it も三人称単数なので動詞に s をつける

このような問題をとくときは、まず、主語が三人称かどうかを考えなければいけません。they は三人称ですが複数なので三単現の s は必要ありません。しかし、she も it も三人称の単数なので動詞に s をつける必要があります。

こうした根拠を考えながらノートを書くようにしましょう。

④ノートを書くときの原則2

ちがいや似た点をまとめる「体制化」

ちがいを比べる

精緻化のほかに、もうひとつ大切なものに体制化というものがあります。体制化とは、ちがいを比べたり、似たものをまとめたりすることです。

理科では血管や血液について習いますが、ややこしいことに、必ずしも動脈を流れている血液が動脈血というわけではありません。

理科のノートの例

動脈と動脈血

動脈	動脈血
心臓から血液を	酸素を多く含む血液
送り出す血管	

心臓から体全体へ流れる血液は動脈血で、（大）動脈を通っています。しかし、体から心臓へ戻ってきた血液が肺へ流れるときに通る血管も動脈ですが、酸素を使っているので動脈血とは言いません。

ややこしいですが、動脈か静脈かは血管のことを指していて、動脈血か静脈血かは血液のことを指しています。このようなちがいを比べながらノートを書くようにしましょう。

似たものを集める

勉強でつまずく原因のひとつは、似たものが多いということです。そこで、似たものを集めて整理して書くことを意識するようにしましょう。例えば、中学1年で習う体積の公式はややこしいので、円柱は円すい3つ分と同じ体積になることを図にかいておくとよいでしょう。

数学のノートの例

立体の体積の公式

- 角柱＝底面積×高さ
- 角すい＝$\frac{1}{3}$×底面積×高さ
- 円柱＝πr^2× 高さ
- 円すい＝$\frac{1}{3}$×πr^2×高さ

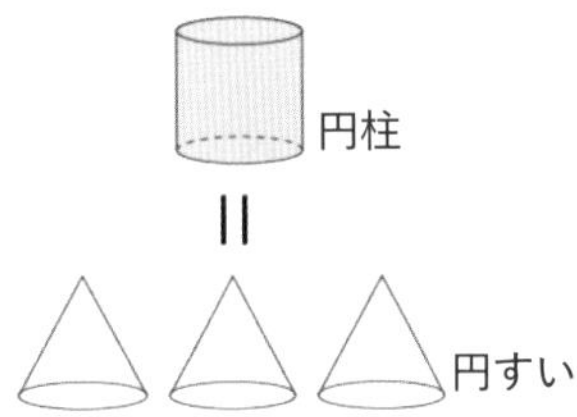

同音異義語のちがいをまとめる

国語で習う同音異義語は、似た漢字や似た意味のまとまりとして、ちがいを考えながら覚えるとよいでしょう。

国語のノートの例

「たいしょう」の同音異義語

- 対称（たいしょう）な図形…対応した、つりあった
- 調査の対象（たいしょう）…目標、相手
- 対照（たいしょう）的な色…反対の、ほかと比べて

⑤ノートを書くときの原則3

よい反復練習と悪い反復練習

悪い反復練習

あるテレビ番組で東大生に聞いた「この人は（東大に）落ちると思った勉強のやり方」で、真っ先にあがっていたのが、英単語や漢字をただ書きまくるという方法です。

悪い反復練習 1　英単語や漢字を書きまくる

fact fact fact fact fact fact fact fact fact fact………

NG

実際に、塾生でこのようにノートに英単語を書きまくっていた子がいたので、「fact ってどういう意味?」と聞いたら「わかりません」と答えました。書きまくるだけでは単語の意味までは覚えられないのです。

もうひとつ、やってはいけない勉強法は赤ペンで正答を写すことです。

悪い反復練習 2　赤ペンで正答を写す

$(-2)^3+2$

$=-4\quad -6$

赤ペンで正答を写しても、できるようにはならない!

NG

確かに、勉強にはくり返しが必要です。しかし、反復練習にもよいものと悪いものがあります。どのようなくり返しがよいのでしょうか。

よい反復練習

よい反復練習の基本は、思い出す（＝アウトプットする）ことです。fact は「事実」という意味ですが、次のように空欄（くうらん）をつくって、思い出す練習、つまりテストをやってみるとよいでしょう。

よい反復練習１　覚えたかどうかをテストしてみる

英単語 →	意味	意味 →	英単語
fact	（　　　）	事実	（　　　）

OK

これを学習理論ではテスト効果と呼んでいます。

テスト効果の次に効果があるのは、「とき直し」です。まちがえた問題を、まちがえなくなるまでくり返しとくのです。

よい反復練習２　まちがえた問題の「とき直し」をする

$$(-2)^3+2$$

$$=-8+2$$

$$=-6$$

OK

赤ペンで答えを写すのではなく、自分の力だけでとき直すようにしましょう。

⑥ノート別のポイント1

「授業ノート」は板書を写す＋自分の言葉をつけ足す

授業ノートの役割は、習ったことをあとでふり返ること

授業ノートには、あとでふり返りをするために授業で先生が説明したことや補足したことなどもつけ足しておきましょう。

授業ノートの例

五月二十一日　熟語の読み方

■重箱読み

・音読み＋訓読みの熟語

・例　本棚（ほんだな）　毎年　試合

本＝ホン（音）　棚＝たな（訓）

■湯桶読み（ゆとうよ）

・訓読み＋音読みの熟語

・例　手本　荷物　夕飯

手＝て（訓）　本＝ホン（音）

ネン＝念、然、年とか
いろいろな漢字があるから音読み！

とし＝年
すぐ意味がわかるから訓読み！

・音読み→読みしかわからない
・訓読み→意味がわかる

熟語の読み方では、重箱読み、湯桶読みという読み方を習います。しかし、そもそも音読みとか訓読みのちがいがわからない人の方が多いと思います。

区別の仕方をメモしておく

・音読み→読みしかわからない

・訓読み→意味がわかる

授業では、先生が音読みと訓読みの区別の仕方をわかりやすく教えてくれるかもしれません。でも、そういうことは教科書や板書には書かれていないので、授業が終わると、ほとんどの人は忘れてしまいます。

そういう大切なことは、聞いた時点、思いついた時点ですぐにメモしておきましょう。そのとき、難しい言葉ではなく、自分が理解できるわかりやすい言葉でつけ加えるとよいでしょう。

数学では先生が、覚えやすい語呂合わせを教えてくれることもあるので、そういうこともメモしておきましょう。

語呂合わせをメモしておく

＼公式は語呂で覚える！／

・球の表面積＝$4\pi r^2$ ……心配あるある
　　$4\ \pi\ r\ r$

・球の体積＝$\frac{4}{3}\pi r^3$ ……身の上に心配あるのさー
　　$\frac{4}{3}\ \ \pi\ r\ 3$

⑦ノート別のポイント2

赤ペンで正答を写さずに「直しノート」にとき直す

赤ペンで写すという方法に、覚える効果はほとんどない

ほとんどの学校では、まちがえた問題は赤ペンで正答を書いておく（写す）ように指示されていると思います。

ところが、赤ペンで正答を写してもできるようにはなりません。わかったつもりになるだけだからです。それに、答えが見えてしまうので、あとで「とき直し」をしようと思ってもできません。

できなかった問題は、くり返し「とき直し」をしよう

まちがえた問題はわかっていない問題なので、まちがえた問題を中心に、まちがえなくなるまでくり返し「とき直し」をしましょう。

1. まちがえた問題にはチェック印（✓）だけをつけておく
2. チェック印のついた問題をくり返し「とき直し」をする
（書きこみ式の問題集の場合は、大きめの付せんをはって、そこへ「とき直し」をするとよい）

1 次の文の（　）の中から最も適当なものをえらび、○で囲みなさい。

(1) Are you a soccer fan?　（ Yes ／ No ／ Not ）, I am.

(2) I （ am ／ are ／ not ） from Osaka.

(3) I （ do not ／ not ／ am not ） cook every day.

(4) You （ are ／ is ／ can ） speak English.

(5) I （ am ／ like ／ play ） tea.

2 次の日本語にあるように、＿＿に適当な語を書きなさい。

(1) あなたはオーストラリアの出身です。

You're from Australia.

(2) あなたはうまく歌うことができます。

You can sing well.

(3) 私はよくそこで走ります。

I am (often) run there.

(4) あなたはギターをひきますか。　はい、ひきます。

Do you play the guitar? Yes, I am (do)

(5) 私はそのチームが好きです。　私もです。

I like the team. me (Me), too.

正解がわかると、それ以上考えないので、わかったつもりになる

正答を写しただけでは「文頭なので大文字にする」と、自分で気がつけない

1 (1) $(-2)^2 = -4$　4　(2) $3^2 = 9$

(3) $4^2 = 16$　(4) $(-5)^3 = -125$

(5) $-6^2 = 12$　-36　(6) $(-4)^2 = 16$

2 (1) $4^2 + (-2)^2$
$= 16 + 4$
$= 20$

(2) $(-6)^2 \times 2$
$= -12 \times 2$
$= -24$　72

どこで計算まちがいをしたのか、とき直しをしないとわからない

NG

NG

第1章 最強のノート術

⑧ノート別のポイント3

「まとめノート」に覚えるべきことを書く

教科書のまとめを写しても、「ふり返り」にはならない！

「まとめ（ふり返り）ノートを書く」という宿題を出す学校があります。しかし、まとめノートは、簡単に書けるようなものではありません。そのため、ほとんどの人が教科書や問題集の要点を丸写ししていますが、それだけでは頭をほとんど使わないので、効果はありません。

ふり返り＝わからないことをまとめよう

まとめ（ふり返り）ノートは、例えば、詩の表現技法など、わからなかったことやできなかったこと、テストにどんなことが出るかを考えながらまとめましょう。

詩の表現技法をまとめた例：「見えないだけ」

●対句（ついく）　→　〜にはもっと○○が□□している
　　　　　　　　　　〜で○○している□□

●擬人法（ぎじんほう）　→　眠（ねむ）っている、はぐくんでいる、さし出している

●体言止め　→　〜世界、〜季節、〜友だち

OK

見えないだけ　牟礼 慶子

擬

対句
空の上には
もっと青い空が浮かんでいる
波の底には
もっと大きな海が眠っている

擬人法

対句
胸の奥で
ことばがはぐくんでいる優しい世界（育む）
次の垣根で
蕾をさし出している美しい季節
少し遠くで
待ちかねている新しい友だち

体言止め

あんなに確かに存るものが
まだここからは見えないだけ

「見えないだけ」は口語自由詩

この詩には作者のどのような思いが？
→世の中のすばらしいことに気付いて感動できる人間になってほしい
→これから新しい世界に出会うことに対して、希望や喜びを感じてほしい。

文語…書き言葉で書かれた詩

口語…話し言葉で書かれた詩

定型詩…音数に一定の決まりがある詩

自由詩…音数にとらわれない自由な詩

牟礼慶子著「見えないだけ」（『国語2』光村図書）

⑨ノートの書き方のテクニック1

日付、ページ数、仕切りの線をかく

成績のよし悪しは、ノートを見れば一発でわかる！

右のノートは、ほかの塾から私の塾に転塾してきた生徒のノートです。英語（入塾前）では、まちがっているのに丸をつけている（× therr、○ three）のがわかります。教科はちがいますが指導前と指導後で、日付やページ数、仕切りの線をかくなど、ノートの取り方が大きく変わっていることがわかると思います。

わかりやすいノートの書き方

ポイント1
仕切りの線をかく

ポイント2
日付、教科書や問題集のページ数も書く

ポイント3
単元名（式の乗法・除法、動物のなかまなど）も書く

ポイント4
数学のノートなどは、たてに二等分する

塾関係者の間では、ノートを見ればその生徒の成績や学力がだいたいわかると言われています。そのときのポイントのひとつが、いつ、どんなことを学んだのかがわかることです。あとで見直したときに、わかる書き方をしているかどうかが重要だからです。

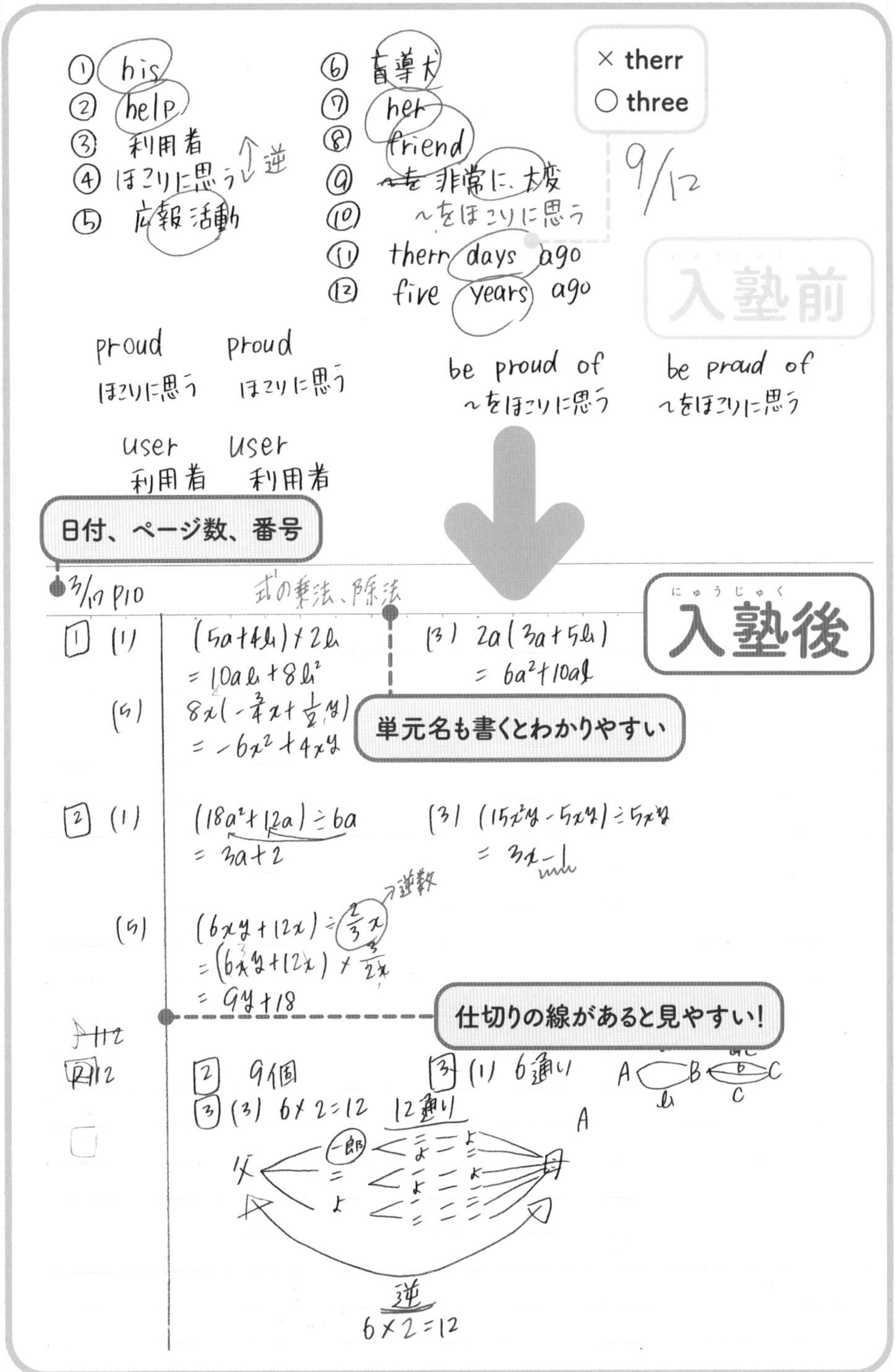
× therr
○ three
9/12
入塾前
proud
ほこりに思う
be proud of
~をほこりに思う
user
利用者
日付、ページ数、番号
3/17 P10
式の乗法、除法
入塾後
単元名も書くとわかりやすい
仕切りの線があると見やすい!
逆数
逆
6×2=12

⑩ノートの書き方のテクニック2

記号を上手に使おう

見やすいノートにするポイントは、記号を上手に使うこと

ノートには文字や数字しか書かないという人が大半だと思います。でも、よく見かける「・」「…」といった記号を使っても、まったく問題ありません。こうした記号を使ったほうが見やすく、わかりやすいノートになるので、どんどん使いましょう。

ノートに使える主な記号の一覧

名前	記号	使い方
かっこ	【 】	重要語句や見出しを強調
中点	・	箇条書き（かじょうが）きの見出し
三点リーダ	…	つなぎの符号（ふごう）として
コロン	：	説明をつけ足す
傍点（ぼうてん）	□̇	強調する
感嘆符（かんたんふ）	！	納得（なっとく）したことや強調したいこと
疑問符	？	わからないこと
矢印（一方向）	→	根拠（こんきょ）と結論をつなぐ
矢印（両方向）	⇔	対義語や反対の意味

主な記号の使い方例

〈箇条書き〉

【国民の三大義務】

●納税の義務

●勤労の義務

●子どもに普通教育を
受けさせる義務

〈用語の意味〉

自然数…正の整数のこと
例：1、5、13など

〈用語の意味〉

擬人法は人でないものを
人に例えること!

〈文法事項とそのルール〉

三人称単数現在形のｓとは?

→主語が三人称で、単数形で、現在形の文のときに
動詞にｓをつける

〈対義語〉

減少⇔増加　損失⇔利益　上昇⇔下降

〈歴史の流れ〉

遣唐使を廃止

↓

中国文化が入ってこなくなる

↓

日本独特の文化ができる（国風文化）

⑪ノートの書き方のテクニック3

色は3色まで、余白を十分にとろう

色を使うのは2～3色まで、余白は大きめにとる

色をたくさん使うとカラフルになりますが、勉強のノートとしては適切とは言えません。重要なところがわからなくなるからです。

使う色は2色程度、多くても3色までがベストです。また、色には強さ（目立ちやすさ）があります。強調のために赤や青を使う人が多いのは、ちょうどよいからです。

色の強さ（目立ちやすさ）

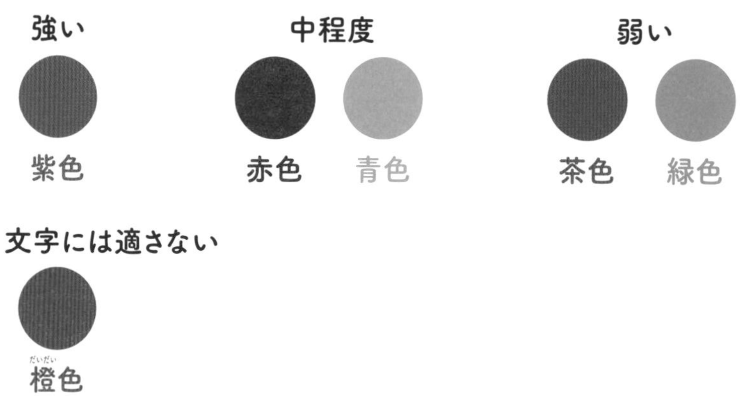

また、よくノートを詰め詰めで書く人がいますが、見にくくなります。適度に余白を空けて、ひと目でわかりやすいノートにしましょう。

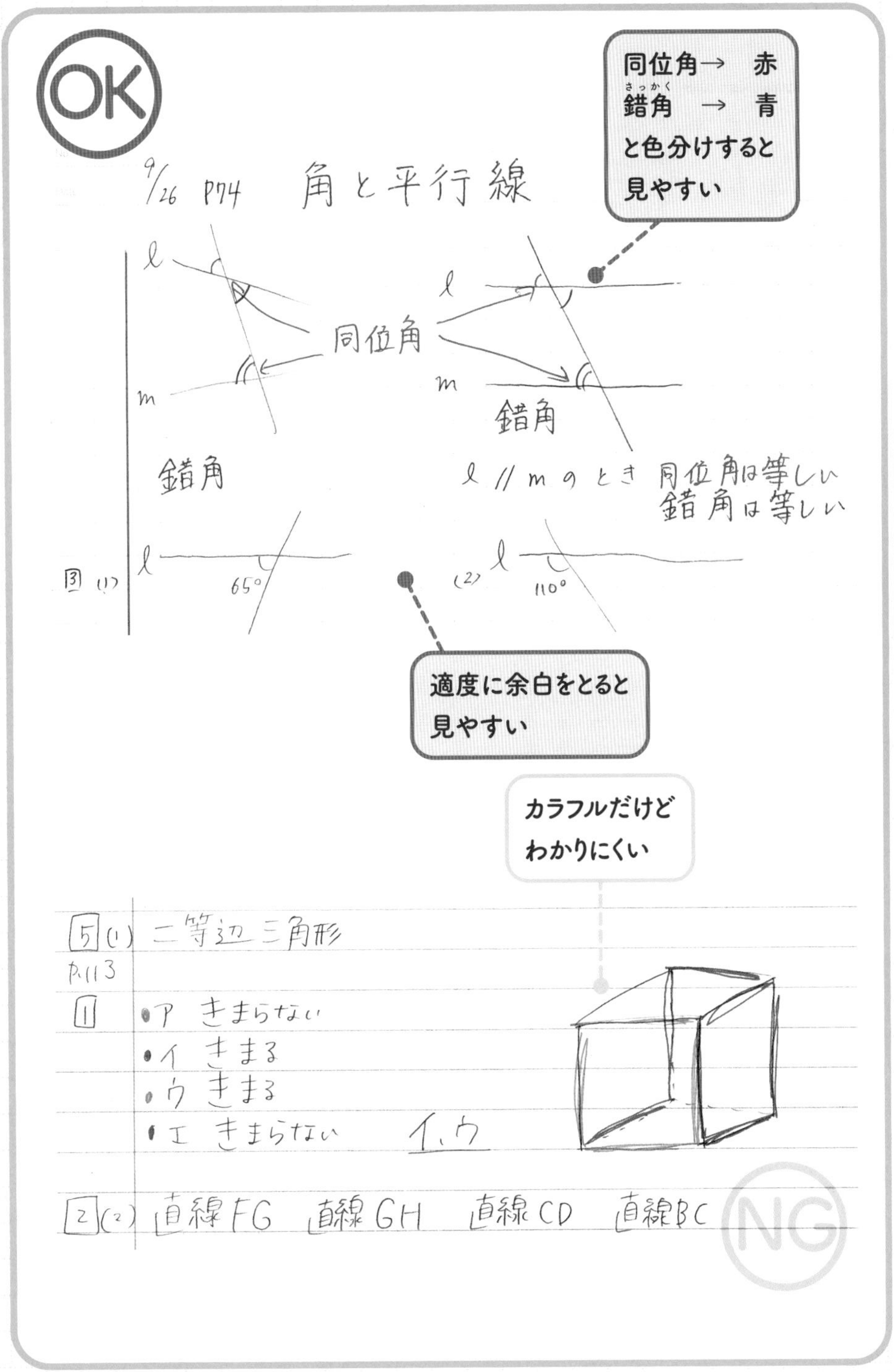
OK
同位角→　赤
錯角（さっかく）→　青
と色分けすると
見やすい
9/26 P74　角と平行線
同位角
錯角
l // m のとき 同位角は等しい
錯角は等しい
図 (1)
65°
(2)
110°
適度に余白をとると
見やすい
カラフルだけど
わかりにくい
5 (1) 二等辺三角形
p.113
1
・ア きまらない
・イ きまる
・ウ きまる
・エ きまらない　イ、ウ
2 (2) 直線FG　直線GH　直線CD　直線BC
NG

⑫ノートの書き方のテクニック4

丸はそろえてつける

丸がそろっていると、きれいに見える

これはノートに限りませんが、問題をといたら必ず答え合わせをするようにしましょう。このとき、注意点がいくつかあります。

丸つけをするときの注意点

ポイント1 1ページやったら、1ページ丸つけをする

ポイント2 丸の位置をそろえる

ポイント3 まちがっているのに丸をつけない

まず、何ページ分もためずに、1ページやったらすぐに答え合わせをすることです。そうしないとわからない問題があったとき、何度も同じまちがいをすることになるからです。

次に、丸の位置をそろえてつけるようにします。自分が書いた答えに丸をつけると、丸の位置がばらばらになってしまいます。問題番号や解答欄（かいとうらん）の横などに、そろえて丸をつけると見やすくなります。

最後に、まちがっているのに丸をつけていないかを見直しましょう。英語ならつづりのミスやピリオドのつけ忘れ、意外に多いのが理科や社会での漢字のまちがいなどです。

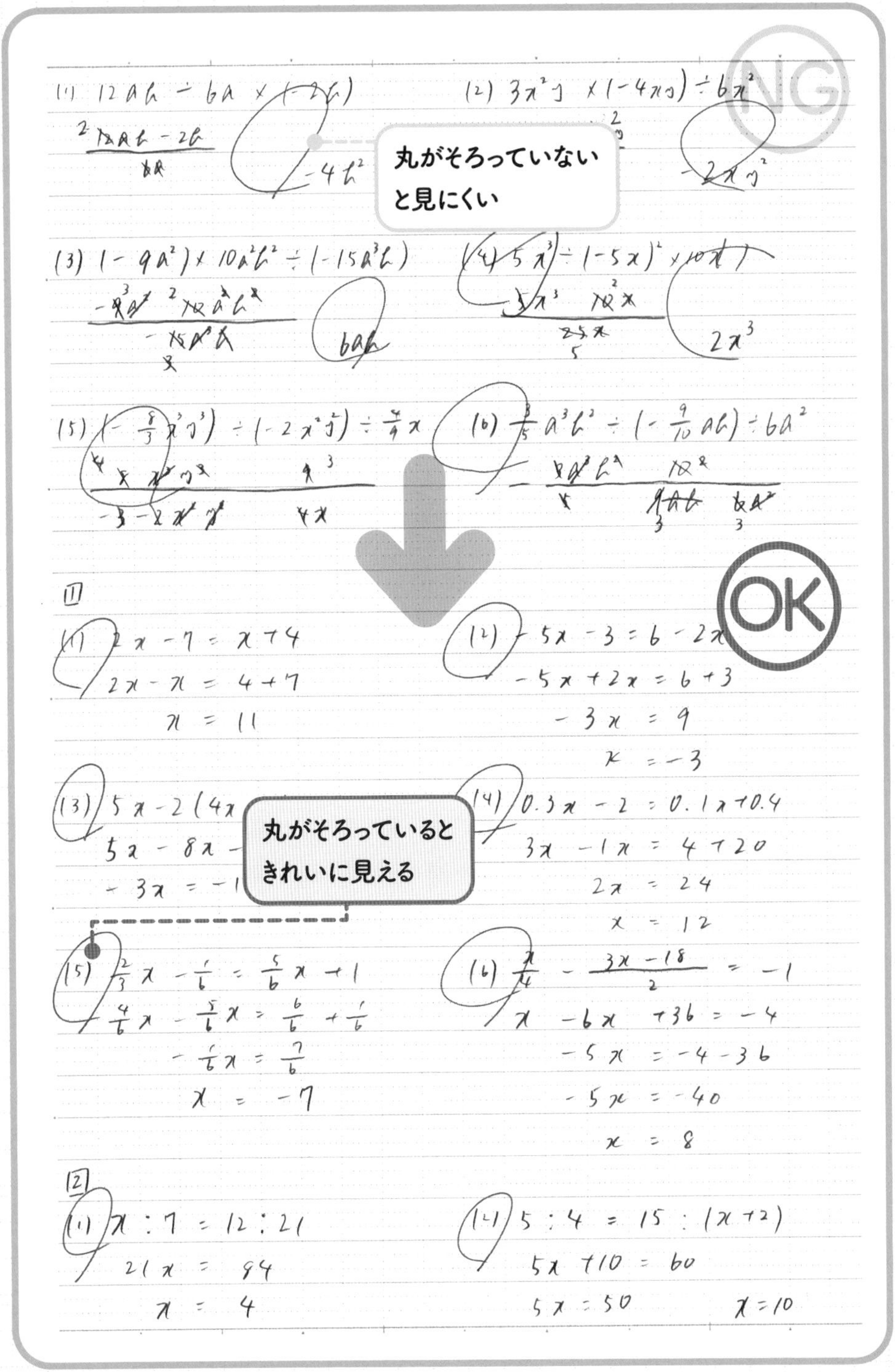
NG
丸がそろっていないと見にくい
OK
丸がそろっているときれいに見える

⑬ノートの書き方のテクニック5

付せんをはる

はったりはがしたりできる付せんを活用しよう

「とき直し」をしていて、問題をとくスペースがなかったり、つけ足したいことがあったりしたときに、役に立つのが付せんです。付せんをはって、そこへ「とき直し」やつけ足しをしましょう。

もう、すでに「とき直し」をしている場合は、その上に付せんをはれば、何度も「とき直し」をすることができます。

公式やまちがえやすい漢字などを、書いてはっておく

付せんをはると目立ちます。ノートを開くたびに目がそこに向くので、公式など覚えるべきことを書いてはっておくとよいでしょう。

例えば、遣隋使（けんずいし）の「遣（けん）」などまちがえやすい漢字は、付せんに大きく書いてはっておくのもよいでしょう。

付せんをはるとよいケース

・計算スペースがない場合、つけ足しをしたい場合

・まちがえやすい漢字

○ 遣（けん）　× 遺

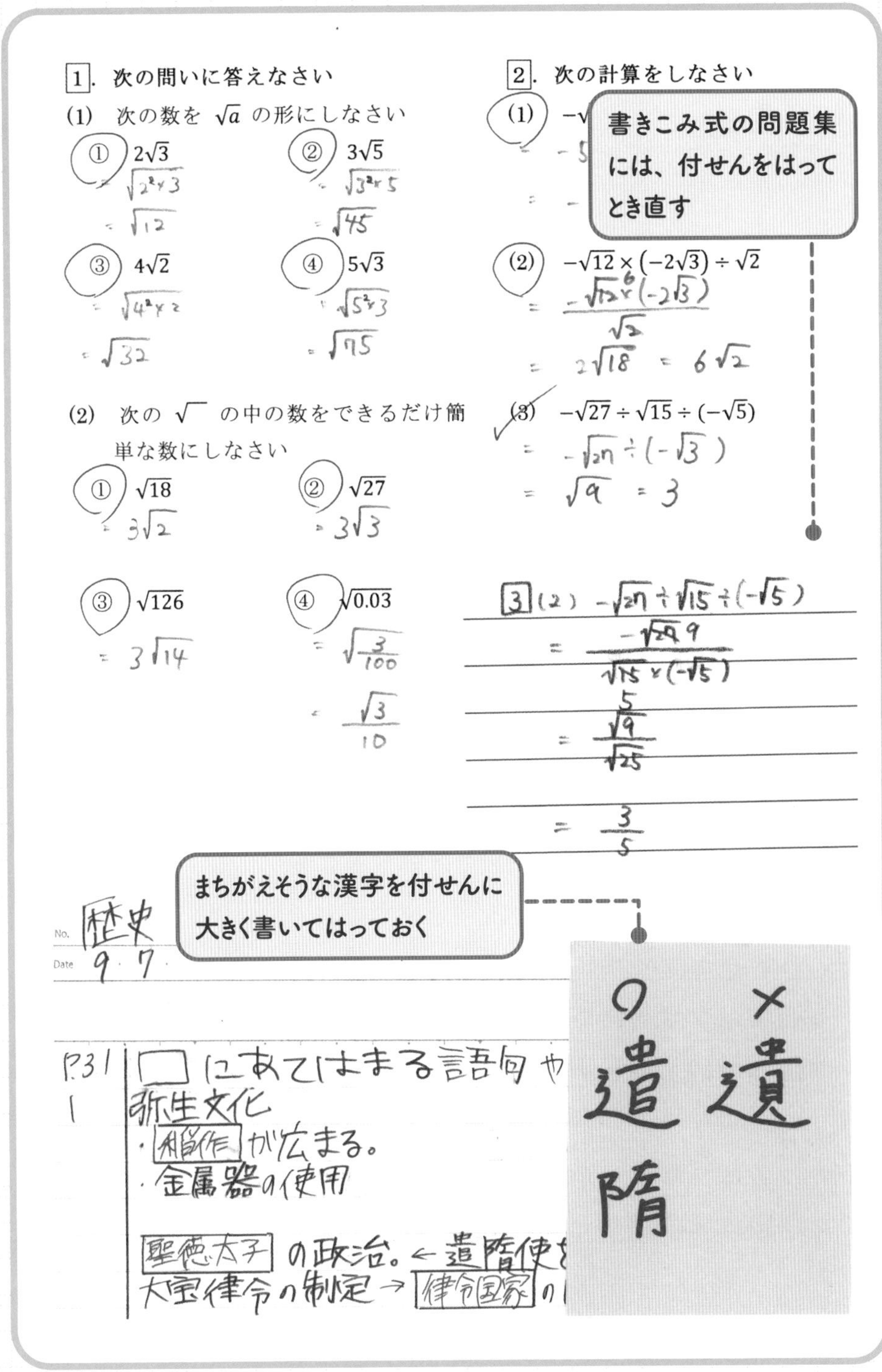
1. 次の問いに答えなさい
(1) 次の数を $\sqrt{a}$ の形にしなさい
① $2\sqrt{3}$ ② $3\sqrt{5}$ ③ $4\sqrt{2}$ ④ $5\sqrt{3}$
(2) 次の $\sqrt{}$ の中の数をできるだけ簡単な数にしなさい
① $\sqrt{18}$ ② $\sqrt{27}$ ③ $\sqrt{126}$ ④ $\sqrt{0.03}$
2. 次の計算をしなさい
(2) $-\sqrt{12}\times(-2\sqrt{3})\div\sqrt{2}$
(3) $-\sqrt{27}\div\sqrt{15}\div(-\sqrt{5})$
書きこみ式の問題集には、付せんをはってとき直す
まちがえそうな漢字を付せんに大きく書いてはっておく
歴史
No.
Date 9 7
P.31 1
□にあてはまる語句や
弥生文化
・稲作が広まる。
・金属器の使用
聖徳太子の政治。←遣隋使を
大宝律令の制定→律令国家の
○ 遣 × 遺
隋

第 2 章

授業ノート術

ノート術のキホン「授業ノート」

「授業ノート」で大切なこと、
それは授業の板書を丸写しするだけではなく、
自分のわかる言葉で説明を加えるなど工夫(くふう)をすることです。

この章のポイント

- 「ふり返り」で感想を書かない！
  次にどうしたらよいか、行動目標を書こう
- 英単語や英文だけでなく、
  日本語の意味もセットで書こう
- 数学は公式だけでなく覚え方やとき方も書こう
- 国語は段落ごとの構成や心情を読み取る言葉を
  メモしよう
- 社会は「なぜ」や図表、資料に書きこみをしよう
- 理科は重要語句に意味やイラストも書きこもう

授業

①授業ノートの書き方

「ふり返り」で感想を書かない！

「ふり返り」は何をすべきかを書こう

授業でノートやプリントなどに、今日のふり返り（＝感想など）を書くことが多いと思います。しかし、これはただ感想を書くだけではいけません。

ふり返りとは何がわかって何がわからなかったか、これからどうしたらよいかを考えるきっかけとするものです。これから何をすべきか具体的な行動目標を書きましょう。

行動目標の立て方

行動分析
何がわからなかったか
何ができなかったか

→

目標設定
次、どうしたらいいか
（何をすべきか）

理科のふり返りの例

NG がんばったのに点が悪くて悲しかった

OK 顕微鏡（けんびきょう）を「顕徴鏡（けんちょうきょう）」、固体を「個体」と書いていた
→まちがえそうな漢字の一覧をつくる

【リフレクションシート】今日の授業の「ふりかえり」をしよう

元禄文化と化政文化はよく似ていて難しいと思いました。

NG

「難しいと思った」だけではただの感想

今日は、化政文化について学びました。俳諧では与謝蕪村が自然の美しさを絵画のように表現した句をよみ、小林一茶が農民の素朴で人間味あふれる句をよんだことを覚えました。

OK

与謝蕪村（よさぶそん）と小林一茶（こばやしいっさ）のちがいについてふれる

「がんばる」は抽象的（ちゅうしょうてき）なので具体的にどうするかを書く

【リフレクションシート】今日の授業の「ふりかえり」をしよう

今日は、テストの直しをした。今回は前回よりがんばったのに点が悪くて悲しかった。でも、次回はがんばっていい点をとりたいと思います。

NG

漢字のまちがいが多かった。特に双眼実体顕微鏡を顕徴鏡と書いたり固体を個体と書いてしまったりした。そのためまちがえそうな漢字の一覧をつくる。

OK

顕微鏡（けんびきょう）の「微（び）」を「徴（ちょう）」と書いていたなど具体的な改善点を書く

どうしたらまちがえないかが書いていない

【リフレクションシート】今日の授業の「ふりかえり」をしよう

今日は、とても理解することができました。三単現のsが付け忘れてしまったので、明日から忘れないようにしたいです。

NG

I know what animal he like. の文で、likeに三単現のsを付け忘れました。この述語の主語は誰なのかを確認して、付け忘れないようにします。

OK

次、何をすべきかが具体的に書いてある

授業

②英語の授業ノートの書き方1

英文・日本語訳の対訳ノートをつくろう

教科書の英文で対訳ノートをつくる

対訳ノートとは、教科書の英文を日本語に訳したり、日本語訳を英文にしたりするノートのことです。

［ノートの左側］

まずは、教科書の英文を日本語に訳す

わたしは今朝英語を勉強するために早く起きました。

わたしはマンガを読むのが好きです。

わたしは今日野球をしたいです。

見ることは信じることです。

わたしは今食べるものを何も持っていません。

わたしには読むべき本がたくさんあります。

日本語訳がわからない場合は、各教科書会社から「教科書ガイド」が出ているので、参考にしよう

対訳ノートの書き方

教科書の英文を写さない！自分の力で英文を書く

ノートを見開き（左右）1ページで使います。

ステップ1　教科書の英文を日本語に訳して、ノートの左側に書く

ステップ2　左側の日本語訳を英文にして、ノートの右側に書く

［ノートの右側］

左側の日本語訳を見ながら英文にする

I got up early to study English this morning.

I like to read comics.

I want to play baseball today.

To see is to believe.

I don't have anything to eat now.

I have a lot of books to read.

教科書の英文を写すのではなく、自分で考えて英文を書こう

書き終わったら、まちがいがないか教科書を見て確認（かくにん）する

授業

③英語の授業ノートの書き方2

新しく習った英単語や熟語は意味とともに書く

英単語は日本語訳とセットで書く

英語の授業では毎回、新しい単語（新出単語）を習います。英単語の読み方（発音）、意味、つづりなどを書き取りしながら覚えるようにしましょう。

やり方は、英単語、日本語訳とセットで書き取りします。英単語と日本語訳を覚えるためなので、くれぐれも英単語だけを書き取りすることがないようにしましょう。

英単語の書き取りのポイント

ポイント1
日本語訳とセットで書き取りをする

ポイント2
「c ＝クッ」、「lu ＝ラ」、「b ＝ブ」 などと発音しながら書く

ポイント3
途中でつづりが変わっていないか確認する

ポイント4
「festiva」 のように途中で切れてしまわないように書く

また、最初からつづりがまちがっていたり、書き取りしている途中でつづりが変わったりすると、まちがって覚えてしまうので注意しましょう。

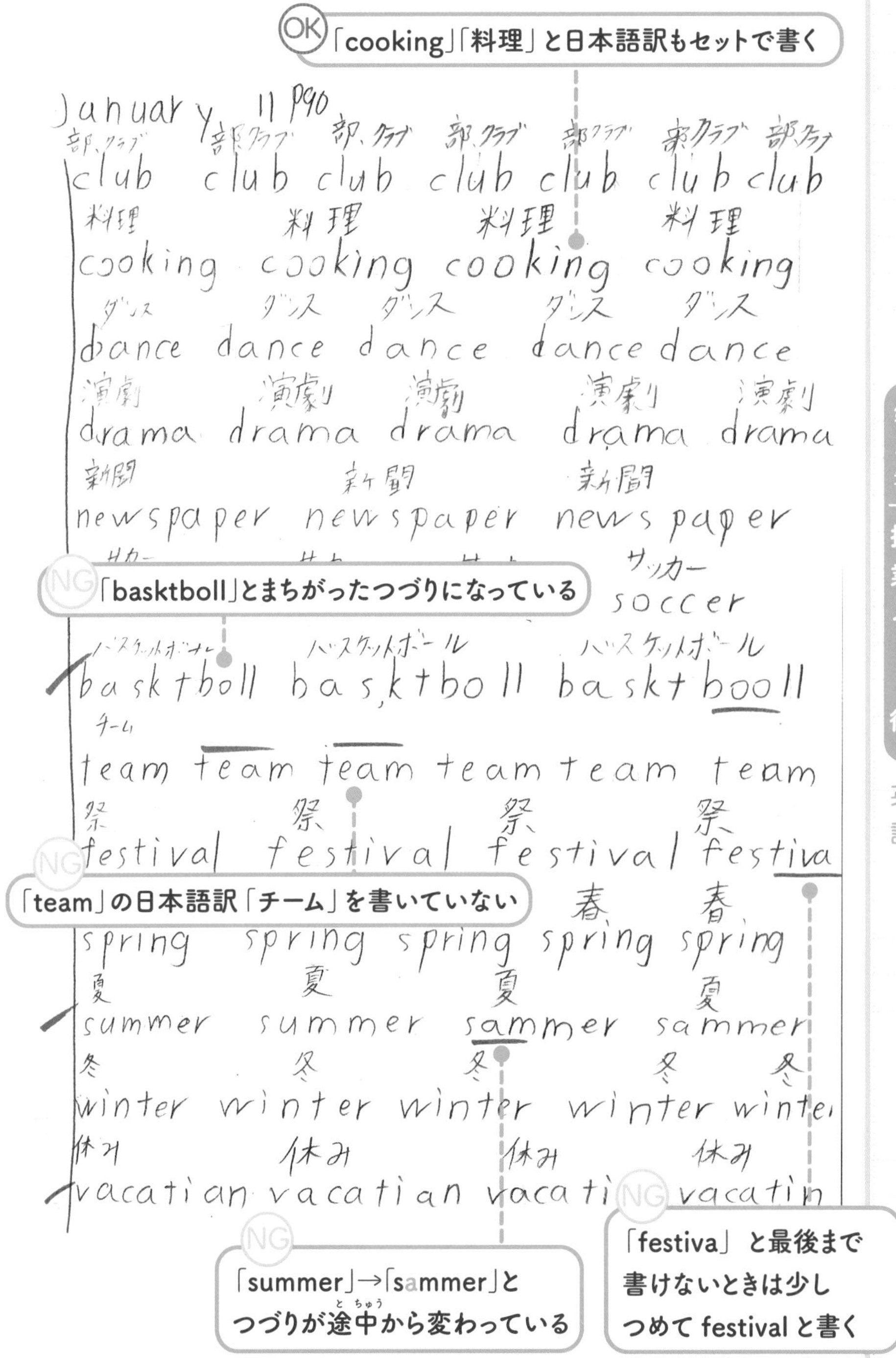
OK 「cooking」「料理」と日本語訳もセットで書く
NG 「basktboll」とまちがったつづりになっている
NG 「team」の日本語訳「チーム」を書いていない
NG 「summer」→「sammer」とつづりが途中から変わっている
NG 「festiva」と最後まで書けないときは少しつめて festival と書く

④数学の授業ノートの書き方1

数学は公式の覚え方や解法を書く

「こういう問題はこのようにとく」と解法を書いておこう

数学は授業で習った公式や解法をただ写しておくだけでなく、公式の意味や解法のパターンなども書きましょう。

数学では、この問題はこのとき方をする、とすぐにわかるようにすることが大切です。そのためにも、「このような問題はこのようにとく」というとき方のヒント（解法のパターン）をノートに書いておきます。

解法のパターンを書いておく

- （　）があるときは（　）をはずす
- 分数や小数の方程式は、分数や小数をなくす
- 速さの文章題は、時間か距離で等式を立てる

公式とともに覚え方を書いておく

$\ell = 2\pi r$ 円周（線）なので r の1次式

$S = \pi r^2$ 面積（面）なので r の2次式

OK

解法のパターンを書いておく

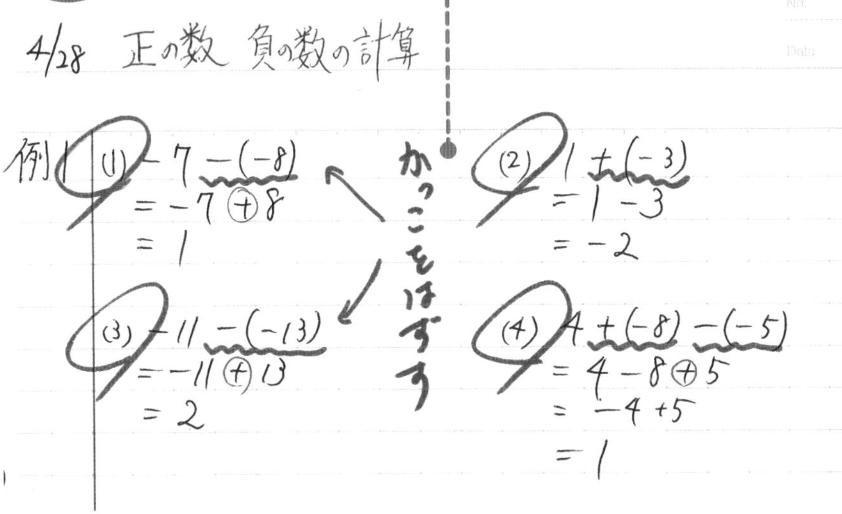

OK

それぞれの記号の意味を書いておく

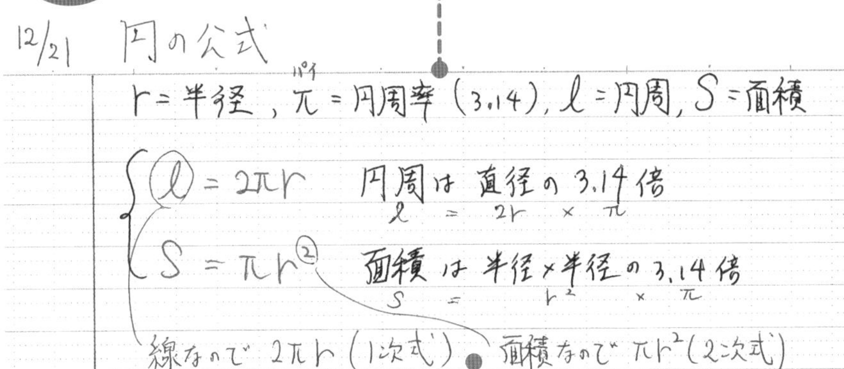

12/21 円の公式
r=半径, π(パイ)=円周率(3.14), l=円周, S=面積
l=2πr 円周は直径の3.14倍
l = 2r × π
S=πr² 面積は半径×半径の3.14倍
S = r² × π
線なので 2πr(1次式)
面積なので πr²(2次式)

円周と面積の公式の覚え方も書いておく

授業

⑤数学の授業ノートの書き方2

例題や練習問題をとこう

途中の計算式はもちろん、注意点も書こう

数学で多いのが、とき方がちがったり計算ミスやケアレスミスをしたりするまちがいです。

これらを防ぐために、まちがえなくなるまでくり返し例題や練習問題をとくようにしましょう。教科書の例題や授業であつかった練習問題は、「直しノート」(72 ページ〜)にとくのがおすすめです。

数学でよくあるまちがい

とき方がちがう　　計算ミスやケアレスミス

注意点を具体的に書く

- 分数の文字式のたし算・ひき算は、通分してから計算する
- (　)があるので、(　)の中すべてにかける
- 「÷分数」は「×逆数」 ←分数の文字式の逆数に注意
- 小数や分数の方程式は、整数の方程式にしてから計算する
- 方程式は解を代入して、答えが合っているかどうか確認 など

OK

－（2x－3）は　－2x＋3

5/26 P42 文字式の計算2

例(1) $a+6+(3a-5)$　()をはずす

$= a+6+3a-5$

$= 4a+1$　符号はそのまま

(2) $x+4-(2x-3)$　−1を()の中にかける

$= x+4-2x+3$

$= -x+7$　符号が変わる

(3) $0.8x-1.2+(0.5x-0.9)$

$= 0.8x-1.2+0.5x-0.9$

$= 1.3x-2.1$

10倍して

$8x-12+5x-9$

としない！

(4) $\left(\frac{1}{3}x-\frac{5}{9}\right)-\left(\frac{2}{3}x+\frac{4}{3}\right)$

$= \frac{1}{3}x-\frac{5}{9}-\frac{2}{3}x-\frac{4}{3}$

$= \frac{1}{3}x-\frac{2}{3}x-\frac{5}{9}-\frac{4}{3}$

$= -\frac{1}{3}x-\frac{5}{9}-\frac{12}{9}$

$= -\frac{1}{3}x-\frac{17}{9}$

方程式ではないので、小数の計算を10倍しない

OK

10倍して整数の方程式にしてから計算する

6/4 方程式の解き方2

1 (1) $\frac{1}{4}x-\frac{1}{2}=x$　（×4　×4　×4）

⇓ 両辺に4をかける

$x-2=4x$

$x-4x=2$

$-3x=2$

$x=-\frac{2}{3}$　$\frac{3}{2}$にしない！

(2) $1.2x-1.7=x-4.1$　（×10　×10　×10　×10）

⇓ 両辺に10をかける

$12x-17=10x-41$

$12x-10x=-41+17$　xにしない！

$2x=-24$

$x=-12$

分数の方程式は、両辺に分母の最小公倍数をかける

授業

⑥国語の授業ノートの書き方1

説明文は段落や構成を読み取る

説明文では言いたいことはひとつ!

説明文では段落ごとに言いたいことはひとつです。どのような構成になっているか、段落ごとに小見出し(タイトル)をつけて、ノートにまとめるとよいでしょう。

例えば、安田喜憲著「モアイは語る」(『国語2』光村図書)では、段落ごとの文章を要約して小見出しをつけるなら、1段落めの小見出しは「モアイとは何か」、2段落めの小見出しは「誰(だれ)がモアイを作ったのか」といった具合です。「モアイは語る」の1段落から6段落までの構成は、次のような流れになっています。

中2国語「モアイは語る」の構成

1段落　導入「モアイとは何か」

2段落　問題提起「誰(だれ)がモアイを作ったのか」

　　問題提起1→この膨大な数の巨像を誰(だれ)が作ったのか

　　問題提起2→あれほど大きな像をどうやって運んだのか

3段落～6段落　問題提起1に対する説明

説明文にはこのほかのパターンもあるので、構成を考えながらノートにまとめるようにしましょう。

OK

2段落は問題提起（2つ）

段落ごとに小見出しを考えてみる

九月十日

モアイは語る

地球の未来　安田喜憲

1

君たちはモアイを知っているだろうか。（p. 124、1行目～）

導入「モアイとは何か」

1段落は導入

2

いったいこの膨大な数の巨像を～（p. 124、9行目～）

問題提起 1 この膨大な数の巨像を誰が作ったのか
2 あれほど大きな像をどうやって運んだのか

3

絶海の孤島の巨像を作った～（p. 125、6行目～）

モアイを作ったのはポリネシア人

4

その頃、人々は～（p. 125、17行目～）

ポリネシアから来た人々の生活

5

大半のモアイは、～（p. 126、3行目～）

モアイができるまでの

6

削り出された～（p. 126、6行目～）

モアイができるまで②

3～6段落は問題提起1に対する説明（誰がモアイを作ったのか）

授業

⑦国語の授業ノートの書き方2

物語文は表現から心情を読み取る

心情を表す言葉や行動をわかる言葉で表現し直す

物語文では登場人物の心情を読み取ることが大切です。ヘルマン・ヘッセ著／高橋健二訳「少年の日の思い出」（『国語1』光村図書）では、「思い出をけがしてしまった」という表現があります。よいはずの思い出がいやなものになってしまったという意味です。

このように、心情を表す言動を自分がわかる言葉で言いかえることで、登場人物の心情を読み取るようにします。

（例）けがす…きれいなものをよごしてしまう

心情の変化をチャートにする

登場人物がなぜそのような心情になったのか、理由を考えることも大切です。魯迅著／竹内好訳「故郷」（『国語3』光村図書）では、「寂寥の感」や「やるせない」といった表現が出てきます。

「寂寥」とは「ものさびしい様子」という意味です。美しいはずの故郷でなぜ寂寥の感がこみ上げてくるのか、心情の変化をチャート（矢印図）を使って表してみましょう。

OK

少年の日の思い出　ヘルマン・ヘッセ著

高橋健二訳

（第一場面）

心情を表す言葉や行動 → 自分がわかる言葉でまとめる！

・用心深く → 落とさないように慎重に

・強くそそられる → 強くひきよせられる

・熱情的な収集家 → 収集がとても好き

・もう、結構 → もういいや、断り

・思い出が不愉快 → 嫌な思い出

・思い出をけがしてしまった → 過去に大変なことをした

自分がわかる言葉で表現し直す

9/21

故郷

OK

二十年ぶりの故郷 ← 寂寥（せきりょう）の感　ネガティブ

母とルントウの話 ← 美しい故郷　ポジティブ

ルントウと再会 ← 悲しむべき厚い壁　ネガティブ

故郷をあとにする

心情の変化をチャートで表す

授業

⑧国語の授業ノートの書き方3

重要語句は自分がわかる言葉で説明する

敬語なら見分け方を書いておく

敬語とは、丁寧語、尊敬語、謙譲語などの言葉を指します。丁寧語は丁寧な表現なのであまり難しくありませんが、尊敬語と謙譲語の区別が難しいようです。

謙譲語は、「へりくだった言い方」と表現されますが、これではよくわかりません。そこで、自分がわかる言葉で説明を加えておきましょう。

自分がわかる言葉で説明を書き加える

〈尊敬語と謙譲語の見分け方〉

尊敬語	謙譲語
主語がえらい	主語がえらくない

〈「食べる」の敬語〉

尊敬語	謙譲語
食べる人がえらい	食べる人がえらくない
→召し上がる	→いただく

このように、授業の板書やプリントなどは、ただ書き写すだけでなく、わかりにくい部分を自分がわかる言葉で補足し、説明を書き加えましょう。

OK

自分がわかる言葉で説明を書き加える

敬語

・丁寧語：話し手が聞き手に対して丁寧さを表す敬語

例 〜です　〜ます　〜ございます

・尊敬語：話題の中の動作・行為をする人に対して敬意を表す敬語

例 いらっしゃる　召し上がる　なさる

食べる人＝えらい

・謙譲語：動作・行為が向かう相手に対して敬意を表す敬語

例 参る　申す　いただく

食べる人＝えらくない

食べるの敬語

「食べる」の敬語

- 尊敬語：食べる人がえらい→召し上がる
- 謙譲語：食べる人がえらくない→いただく

授業

⑨社会の授業ノートの書き方1

歴史は「なぜ」と「流れ」を書く

三国同盟か三国協商かややこしいときは「なぜ」を考える

歴史は暗記ばかりで難しいという人が少なくありません。しかし、「なぜ」や「流れ」を考えれば、それほど難しくはありません。

例えば三国同盟は、同じゲルマン民族が多数を占めるドイツとオーストリアが仲間になったと考えれば、覚えることは難しくありません。そこに、わけあってラテン民族が多数を占めるイタリアがくっついていますが、やはり上手くいきません（途中で離脱）。

イタリアはフランスともオーストリアとも微妙な関係が続きますが、しかたなくドイツやオーストリアとくっつきます。中立をつらぬこうとしたイタリアですが、連合国（フランスなど）として戦争に参加します。

もともとは、フランスを孤立させたいドイツがいろいろ仕かけたのが原因です。このような「なぜ」この国とこの国が同盟を結んだのか、その理由も含めてノートにまとめるとよいでしょう。

三国同盟の覚え方

独 墺 伊（毒多い）三国同盟と覚える

（「独」はドイツ、「墺」はオーストリア、「伊」はイタリアのこと）

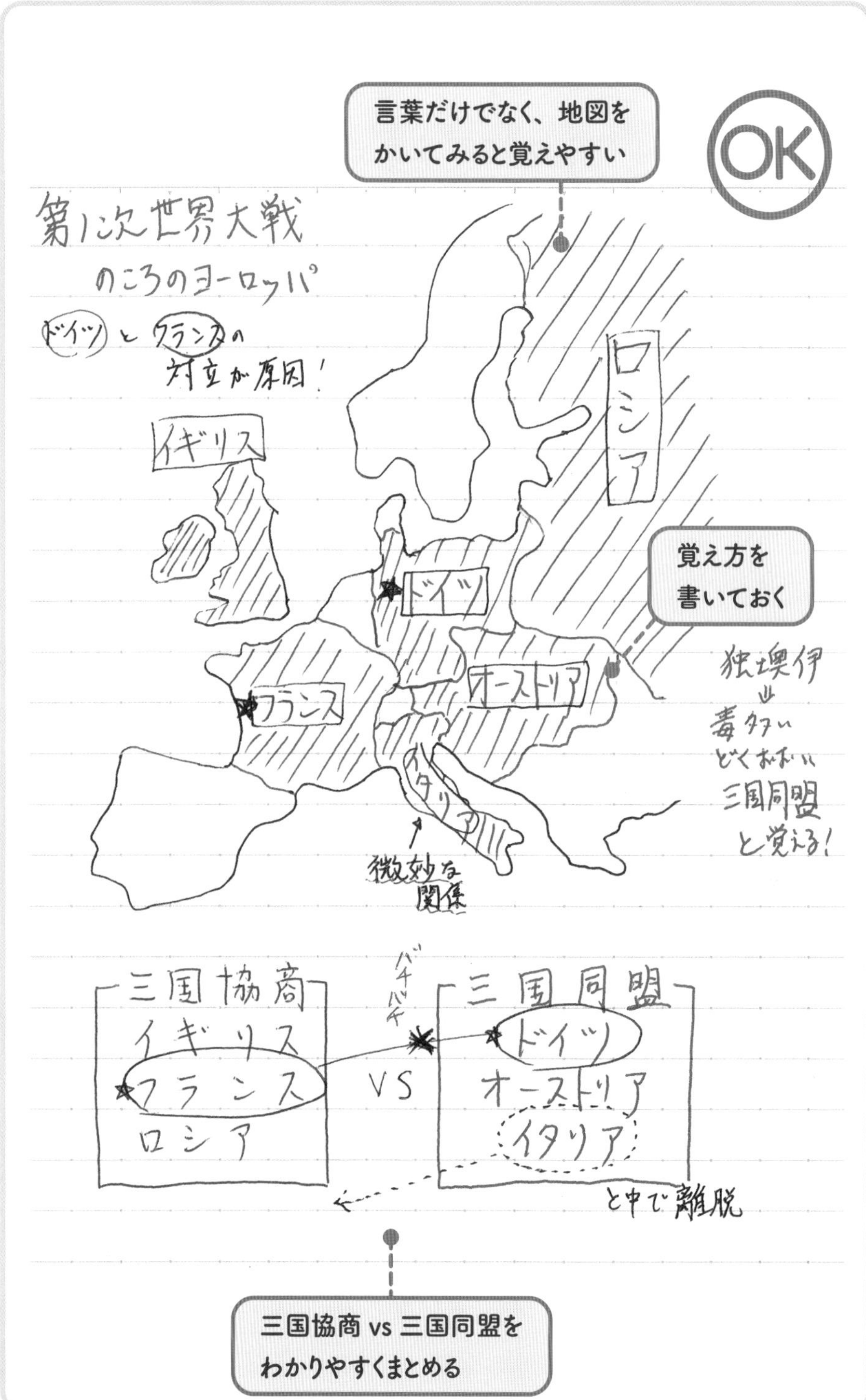
言葉だけでなく、地図をかいてみると覚えやすい
OK
第1次世界大戦
のころのヨーロッパ
ドイツとフランスの
対立が原因！
イギリス
ロシア
ドイツ
フランス
オーストリア
イタリア
微妙な
関係
覚え方を書いておく
独墺伊
毒多い
どくおおい
三国同盟
と覚える！
三国協商
イギリス
フランス
ロシア
VS
バチバチ
三国同盟
ドイツ
オーストリア
イタリア
と中で離脱
三国協商 vs 三国同盟をわかりやすくまとめる

授業

⑩社会の授業ノートの書き方2

地理は図や資料をかいてそこへ書きこむ

地図やグラフなどをノートにかいてポイントも書きこもう

地理では地名も大切ですが、名称の漢字や地図上の位置も大切です。場所がわかるようにノートに地図をかいて、そこへ書きこむようにしましょう。

また、まちがえそうな漢字は注意点を、ややこしい地名は覚え方も考えてメモしておきます。

まちがえやすい漢字や覚え方も書く

〈日本アルプス〉

- 飛騨(ひだ)山脈（←騨(だ)じゃない「驒(だ)」）
- 木曽(きそ)山脈（←上から順に「飛騨(ひだ)」「木曽(きそ)」「赤石」と覚える）
- 赤石山脈（←あかしじゃない「あかいし」）

産業に関する学習なら、農産物や工業製品の出荷額などの資料やグラフもかいて、特徴(とくちょう)もメモしておくようにしましょう。

特徴がわかるように書く

〈主な農産物の上位の県〉

- ねぎ　千葉（13.8%）、埼玉（12.3%）、茨城（11.0%）がトップ3　次いで群馬（4.3%）、北海道（4.3%）
- キャベツ　群馬（18.8%）、愛知（16.7%）、千葉（9.5%）など

キャベツは愛知が入る!

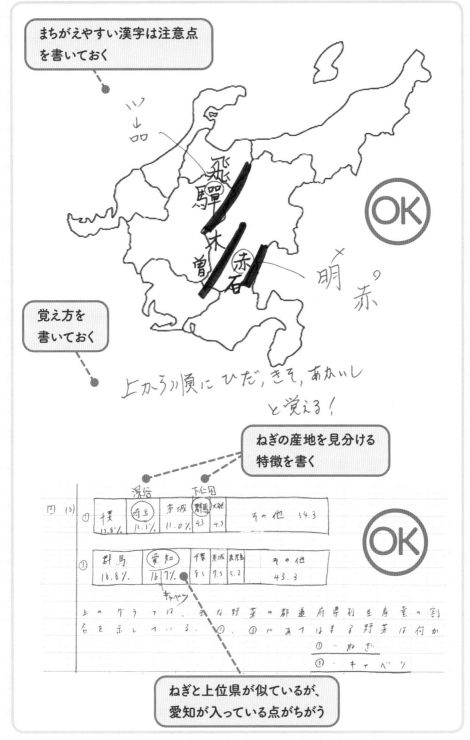

まちがえやすい漢字は注意点を書いておく

覚え方を書いておく

上から順にひだ，きそ，あかいしと覚える！

ねぎの産地を見分ける特徴を書く

[2] (3)

①

			深谷			下仁田		
千葉 13.8%	埼玉 12.3%	茨城 11.0%	群馬 4.3	北海道 4.3	その他 54.3

③

群馬 18.8%	愛知 16.7%（キャベツ）	千葉 9.5	茨城 7.5	鹿児島 5.2	その他 43.3

上のグラフは、主な野菜の都道府県別生産量の割合を示している。①、③にあてはまる野菜は何か

①…ねぎ

③…キャベツ

ねぎと上位県が似ているが、愛知が入っている点がちがう

授業

⑪社会の授業ノートの書き方3

公民は箇条書きや図表で見やすく表す

重要語句や資料を図表で表そう

用語やデータなど覚えることが多い公民は、見やすくするために箇条書きや図表にまとめるようにしましょう。

例えば、基本的人権には、自由権、社会権、平等権などがあり、さらに自由権には、①精神の自由、②身体の自由、③経済活動の自由があります。

箇条書きでまとめる

〈基本的人権〉

【自由権】 ①精神の自由：思想・良心の自由、信教の自由など
②身体の自由：奴隷的拘束および苦役からの自由、法定手続きの保障、罪刑法定主義など
③経済活動の自由：居住・移転および職業選択の自由など

【社会権】 ①生存権：人間的な生活を送ることができる権利

また、例えば国の一般会計（租税及び印紙収入の内訳）などの数値は、右ページのように内訳がわかるグラフをかくとよいでしょう。

OK

【基本的人権の例】

自由権：精神の自由　思想・良心の自由
身体の自由
経済活動の自由

社会権：生存権
教育を受ける権利
勤労の権利
労働基本権

箇条書き（かじょうが）きでまとめたり、グループごとにまとめたりしよう

平等権：個人の尊重
法の下の平等

人権を保障するための権利：参政権
請求権

〈租税及び印紙収入の内訳

内訳がわかるようにグラフにまとめよう

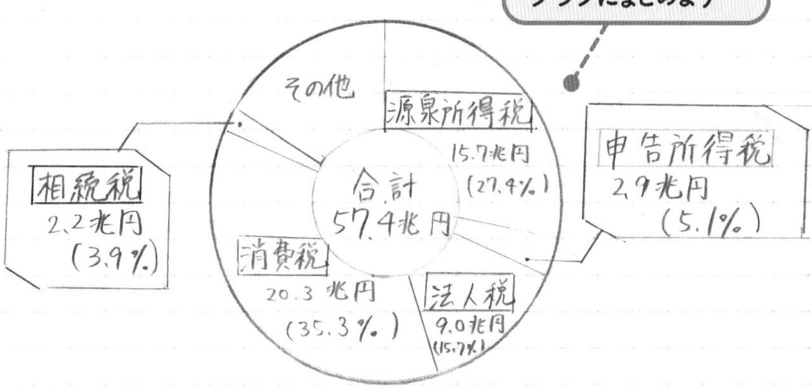

授業

⑫理科の授業ノートの書き方1

理科は重要語句の意味を書く

重要語句の意味を書こう

理科も社会と同様に、まぎらわしいもののちがいや覚え方を書き加えておきます。火山岩は地表近くで急に冷えて固まったもの、深成岩は地中でゆっくり冷えて固まったものです。火成岩は覚え方（有名な語呂合わせがある）、マグマと溶岩のちがいなどもまとめましょう。

覚え方も書いておく

〈火成岩の種類〉

- 火山岩：「急なかりあげ」と覚える
- 深成岩：「ゆっくりなしんかんせんはれい」と覚える

示準化石からは、化石がとれた時代（地質時代）がわかります。せっかくなので語呂合わせをつくって覚えるようにしましょう。

語呂合わせをつくって書いておく

〈示準化石と地質時代の覚え方〉

- 古生代：「古フサン」と覚える
- 中生代：「中モナイティ」と覚える
- 新生代：「新ちゃんビリナウ」と覚える

急に冷えた（な）

かざんがん　りゅうもん　あんざん　げんぶ

火山岩  斑状組織	流紋岩	安山岩	玄武岩
深成岩  等粒状組織	花こう岩	せん緑岩	斑れい岩
鉱物の割合	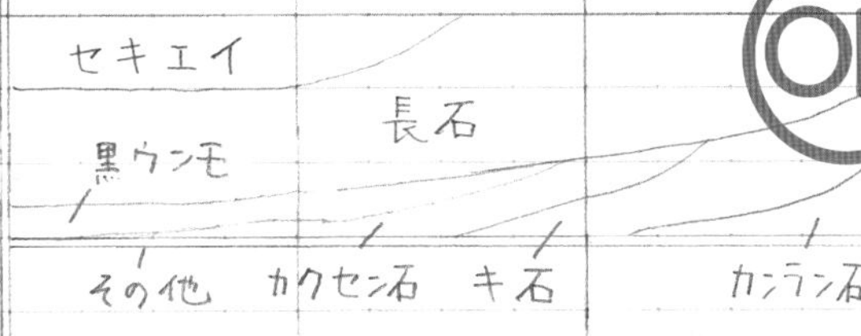		
有色鉱物の割合	少 ←→ 多		
色あい	白っぽい ←→ 黒っぽい		

OK

語呂合わせなど覚え方も書こう

ゆっくり冷えた　（な）

しんせいがん　か(ん)こう　せんりょく　はんれい

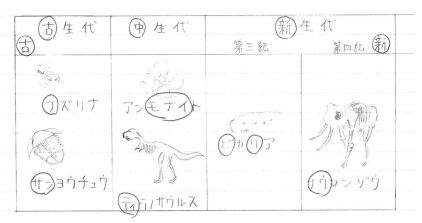

古生代	中生代	新生代 第三紀	新生代 第四紀
 フズリナ  サンヨウチュウ	 アンモナイト  ティラノサウルス	 ビカリア	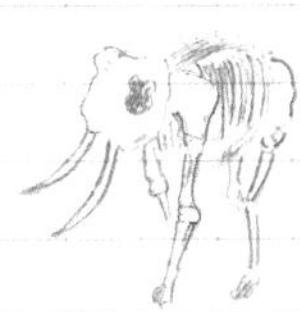 ノウマンゾウ

第2章 授業ノート術 理科

授業

⑬理科の授業ノートの書き方2

覚えやすいように イラストをかく

イラストは簡単にかいたり、くわしくかいたりしよう

理科では、例えば血管の名称を覚えるだけでなく、どこへつながっているかといった構造も覚える必要があります。

そんなとき、大まかに覚えたい場合は簡単なイラストを、くわしく覚えたい場合はくわしいイラストをかくようにしましょう。

また、24ページのノートを書くときの原則2「体制化」で紹介したように、ちがいを比べたり、似たものをまとめたりすると、ややこしいことでもしっかり覚えられます。血管と血液の単元では動脈と静脈のちがいがわかるようにまとめるなどの工夫も必要です。

似ているもののちがいをまとめておく

〈血管と血液〉

- 動脈　：心臓から血液を送り出す血管
- 静脈　：心臓へもどる血液が通る血管
- 動脈血：酸素を多く含む血液
- 静脈血：酸素を消費した血液

OK

くわしく知りたい場合は
くわしいイラストを

簡単にまとめたい場合は
簡単なイラストを

動物の体

自分から見て右か左ではない！
こちらを向いている人の右か左か

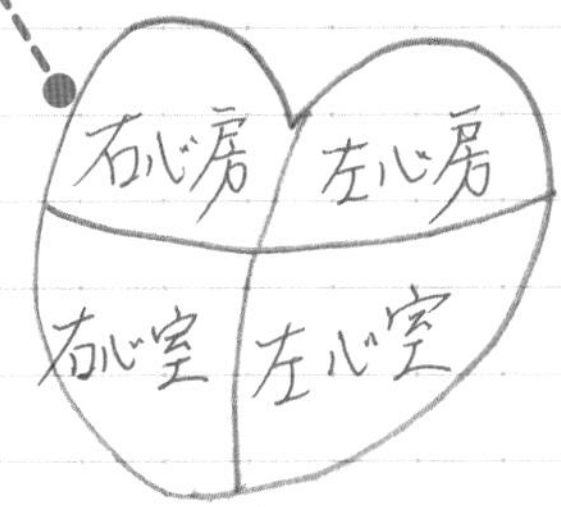

房…やや小さい部屋
室…血液を送り出す大きい部屋

動脈＝動脈血ではない！
ちがいがわかるようにまとめよう

血管と血液　注意 動脈＝動脈血じゃない！

動脈　：心臓から血液を送り出す血管
静脈　：心臓へもどる血液が通る血管

動脈血：酸素を多く含む血液
静脈血：酸素を消費した血液

第3章

直しノート術

とけなかった問題をとき直す「直しノート」

あまり聞きなれない「直しノート」は、
プリントや問題集でまちがえた問題を
もう一度ノートにやり直す、まちがい直しノートのことです。

この章のポイント

- とけない問題はわかっていない問題と考える！
- まちがえた問題は赤ペンで正答を写すのではなく、自分の力でとけるようになるまでとき直しをしよう
- 答えだけでなく、どんな問題をどう直したのかわかるように書こう
- 次まちがえなくなるように注意点も書こう

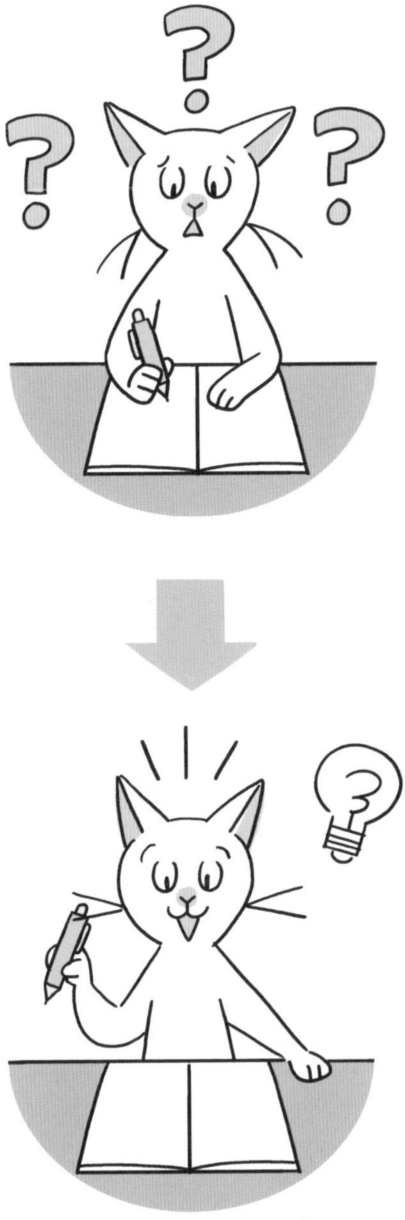

直し

①直しノートの書き方

とけない問題＝わかっていない問題

まちがえた問題をもう一度、とき直すのが直しノート

「できる」かどうかの判断は、実際に問題をといてみて、とければ判断が可能です。しかし、「わかる」かどうかは外見からでは判断がつきません。

とけなかった問題がわかっていることはありえませんから、少なくともとけない問題はわかっていないということが言えます。

「できない」から「できる」、そして「わかる」へ

	わかる	わからない
できる	最良	可
できない	ありえない	とき直しが必要

学習理論では、必ずしもすべての問題をとき直す必要はなく、まちがえた問題だけをくり返しとき直すのが効率がよい勉強法とされています。

そのためにも、あとでふり返ったときに、どんな問題を直したのかがわかるように、日付、ページ数、単元名、問題番号などを書くようにしましょう。

まちがえた
問題だけ
直せばいいんだ

直しノートの書き方

ポイント1 日付、ページ数、単元名、問題番号を書く

ポイント2 答えだけでなく、どんな問題かわかるように書く

ポイント3 なぜその答えになるかの考え方やポイントも書く

穴うめ問題は空らん部分だけでなく、
問題文全体を書く

OK

November 19

BASIC P114

1 (1) Salt was expensive (at) that time.
あの時

これは私がベッキーから借りた本です。
2 (1) This is a book (I borrowed) from Becky.

この公園には何千本もの木があります。
(3) There are (thousands of) trees at this park.
1,000

私はバスのかわりに自転車で登校しました。
(4) I came to school by bike (instead of) by bus.
…の代わりに

最もかわいい　1番かわいい
3 (3) This is the (prettiest) bird I have seen.

BASIC P111

6 (3) This is the guitar which my father made. it
itがwhichになって前に出る。

これは[私が本当に欲しかった車]です。
7 (3) This is the car that I really wanted. 過去形!!

9 (2) I have a sister who teaches English.
三単現のs

考え方やポイントも書く

直し

②英語の問題集をとき直す1

意味を考えながら英単語・熟語の直しをする

英単語や熟語をただ書き取るのはNG

まちがえた単語や熟語を直すときは、ただ書き取りするだけでは不十分です。

つづりをまちがえた場合はどの部分をどのように書いて発音するのか、意味をまちがえた場合はその意味も合わせて直すようにします。

また、あとでテストができるように、ノートの左半分に日本語、右半分に英語を書いておくのもよいでしょう。

つづりをまちがえた場合

Wednesday　We ＝ウェ　n ＝ン　es ＝ズと読む
d ＝読まない

Thursday　Th ＝す　ur ＝アー　s ＝ズと読む

意味をまちがえた場合

〜で有名です　＝　be famous for 〜

〜するのを楽しみに待つ　＝　look forward to 〜 ing
to のあとは〜 ing 形

人が〜するのを手伝う　＝　help 人 with 〜

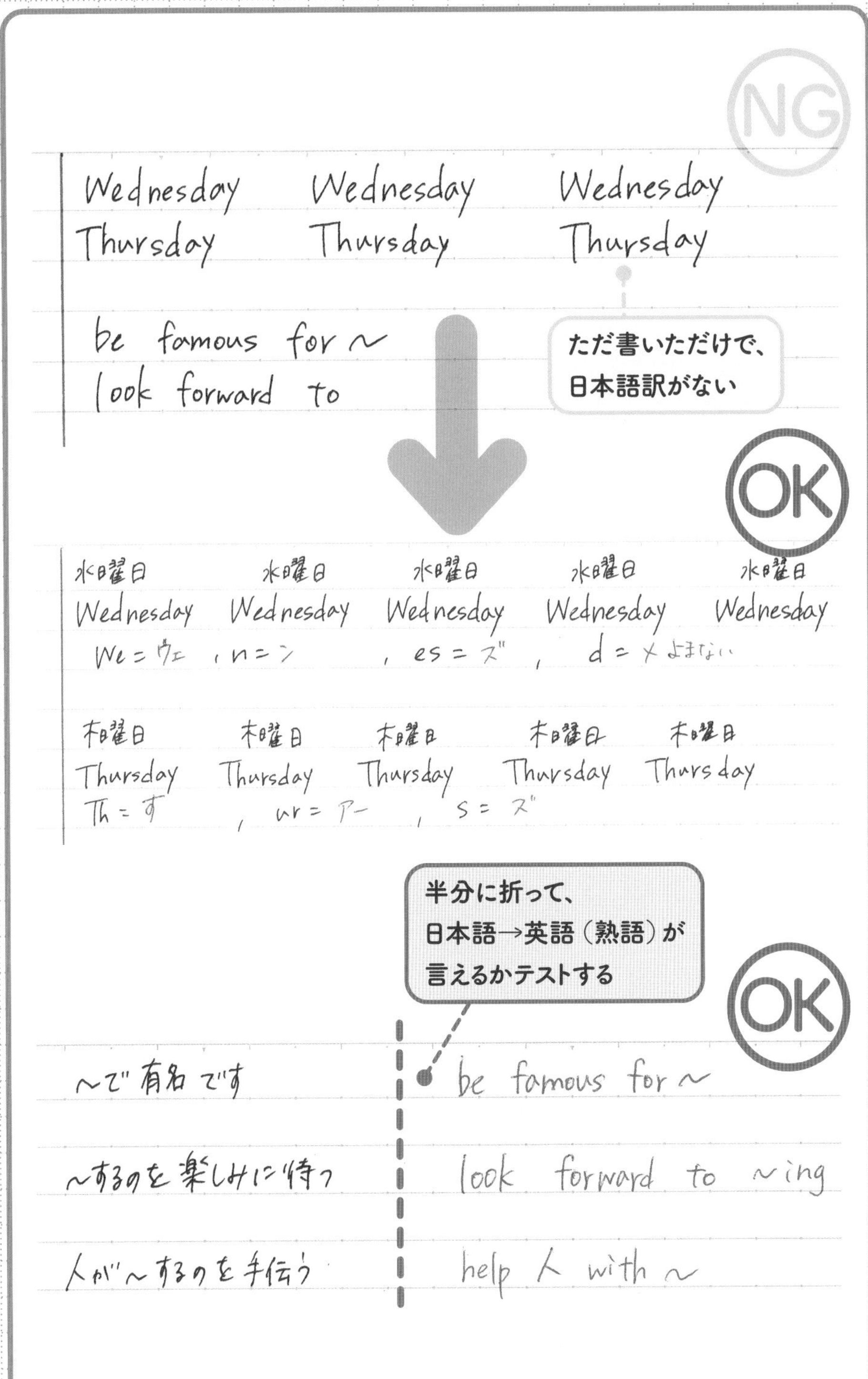
NG
Wednesday Wednesday Wednesday
Thursday Thursday Thursday
be famous for ~
look forward to
ただ書いただけで、
日本語訳がない
OK
水曜日 水曜日 水曜日 水曜日 水曜日
Wednesday Wednesday Wednesday Wednesday Wednesday
We = ウェ , n = ン , es = ズ , d = よまない
木曜日 木曜日 木曜日 木曜日 木曜日
Thursday Thursday Thursday Thursday Thursday
Th = す , ur = アー , s = ズ
半分に折って、
日本語→英語（熟語）が
言えるかテストする
OK
~で有名です
be famous for ~
~するのを楽しみに待つ
look forward to ~ing
人が~するのを手伝う
help 人 with ~

③英語の問題集をとき直す2

まちがえた問題の文法事項の注意点を書く

ワークなどでまちがえた問題をもう一度、ノートにやってみる

学校や塾の問題集などでまちがえた問題は、赤ペンで答えを書いておしまいではなく、もう一度、ノートにとき直す（まちがい直しをする）ようにしましょう。

どんな問題をまちがえたのかあとでふり返ってわかるように、問題集のページ数や問題番号も書いておきます。

赤ペンで答えを写しておくだけだと、わかったつもりになるだけなので、自分の力でとけるようになるまでくり返しとき直しをしましょう。

「Thank you for ～ ing」など、まちがえそうなところは、文法事項の注意点も書いておきます。

英語の問題集のまちがい直し

ポイント1

赤ペンで答えを書いておしまいにしない

ポイント2

ページ数、問題番号も書いておく

ポイント3

どうしたらまちがえなくなるのか、ポイントも書いておく

ポイント4

できるようになるまで、くり返しとき直しをしよう

OK

「マイクの声が小さい＝小さな声で話した」
なのでspokeと過去形になる

テスト対 マイクの声は小さいので、私は彼の声を注意して聞きました。

1 (1) Mike spoke in a small voice, so I listened carefully to him.
過去形　注意して

私の質問に答えてくれてありがとう。

(2) Thank you for answering all my questions.
ing形

Thank you for の後はing形。

この図書館は、日本で1番大きいです。

(4) This library is the biggest in Japan.
gをかさねる

2 (1) This lake is the second largest in Japan.
2番目に　広い 最

私は踊りたい気がします

(2) I feel like dancing.
〜したい気がする

まちがえやすい文法事項をメモしておく

このTシャツは私には大きすぎます

This T-shirt is too big for me.

Shall I show you a smaller one?
「〜しましょうか」

ボブとデイビッドは同じ年齢だ

4 (1) Bob and David are the same age.
同じ年齢

ボブはデイビッドと同い年だ。

Bob is as old as David.
同い年

「as old as 〜」で
「〜と同い年」という意味

リリーはカスミと同じくらい速く走ることができません

(2) Lily can't run as fast as Kasumi.

カスミはリリーよりも速く走ることができます。

Kasumi can run faster than Lily.
…よりも速く

第3章 直しノート術 英語

直し

④英語の問題集をとき直す3

総合型問題は英文と日本語訳を書く

設問（問い）の意味と答えをセットで直す

下の例のように英文を読んで問いに答える問題の場合は、問題となっている英文と日本語訳、文法の注意点を書いておきます。

〈問題例〉

4. 次の対話文を読んで、あとの問いに答えなさい。

A：（ you / how / come / do / to / school ）?
By bike?
B：No, I don't. I walk to school.
A：（ ① ）do you have for breakfast?
B：I usually have toast and egg. How about you?
A：I have rice and miso soup.

（1）（ ）の語句を並びかえなさい。
（2）下線部を日本語に直しなさい。
（3）（①）にあてはまるものを次から選び、記号で答えなさい。
ア How　イ What　ウ Who　エ When
（4）あなた自身が聞かれたつもりで答えなさい。
Do you have rice for breakfast?

NG

四 (1) How you come to school ?
(2) 歩いて学校へ行きます。
(3) ア
(4) Yes, I am.

直し
四 (1) How do you come to school
(3) イ
(4) Yes, I do.

答えしか書いていない

記号しか書いていない

OK

日付、ページ数、問題番号も書く

どんな問題をまちがえたのかがわかるように直す

日本語訳もセットで書いておく

4/26 ワークP7の直し

四 (1) あなたはどうやって学校へ来ますか。
How **do** you come to school ? ← 疑問文なので do で始める

(3) あなたは朝食に何を食べますか。
(What) do you have for breakfast ? 何を → What
イ

ア How → どう　イ What → 何を　ウ Who → 誰が　エ When → いつ

(4) あなたは朝食にご飯を食べますか。
Do you have rice for breakfast ?

はい食べます。
Yes, I **do**. ← Do で聞かれたら do で答える

赤ペンで注意点も書こう

⑤数学の問題集をとき直す1

計算問題の直しは途中の計算式や注意点も書く

計算ミスをただのケアレスミスと思ってはいけない

数学のまちがいの多くは計算ミスです。しかし、計算ミスは赤ペンで答えを写しておくだけではなくなりません。もう一度、自分の力だけでといてみる（とき直しをする）ようにしましょう。

また、よくまちがえる計算は「ミスしやすいところ」として注意点もまとめておくようにしましょう。

よくある計算ミス

計算の順序

× $-6-8\div 2=-14\div 2=-7$ ＋、－より×、÷が先

○ $-6-8\div 2=-6-4=-10$

累乗の計算

× $5^2=10$ 2乗と2倍はちがう！

○ $5^2=25$

符号のまちがい

× $-2^2=4$

○ $(-2)^2=4$ （　）の2乗に注意！

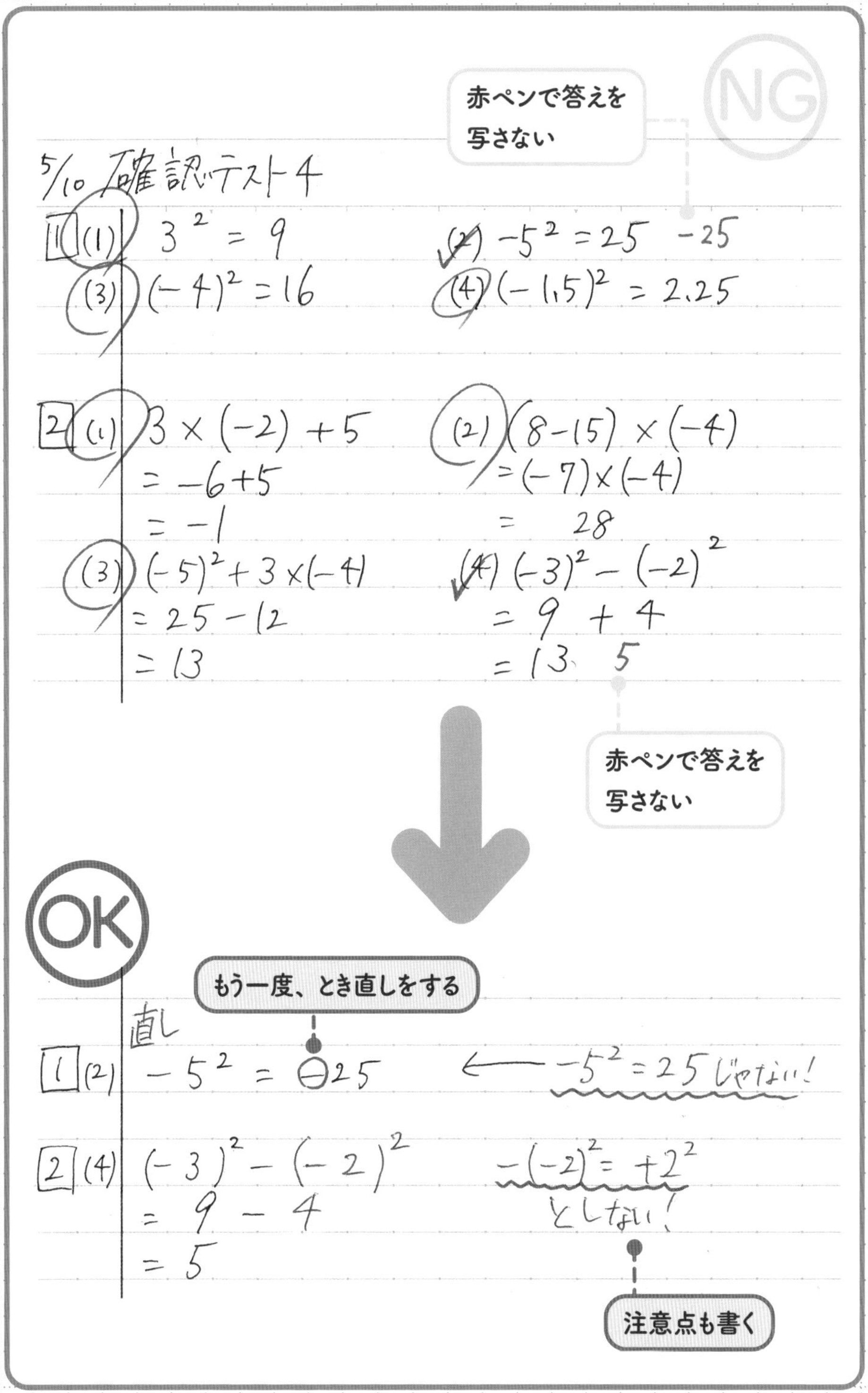
NG
赤ペンで答えを写さない
5/10 確認テスト4
1 (1) $3^2=9$
(2) $-5^2=25$ -25
(3) $(-4)^2=16$
(4) $(-1.5)^2=2.25$
2 (1) $3\times(-2)+5$
$=-6+5$
$=-1$
(2) $(8-15)\times(-4)$
$=(-7)\times(-4)$
$=28$
(3) $(-5)^2+3\times(-4)$
$=25-12$
$=13$
(4) $(-3)^2-(-2)^2$
$=9+4$
$=13$ 5
赤ペンで答えを写さない
OK
もう一度、とき直しをする
直し
1 (2) $-5^2=\ominus 25$
← $-5^2=25$じゃない!
2 (4) $(-3)^2-(-2)^2$
$=9-4$
$=5$
$-(-2)^2=+2^2$ としない!
注意点も書く

直し

⑥数学の問題集をとき直す2

図形はフリーハンドでかけるようにする

定規を使わないと図がかけないようではダメ

立体の体積や表面積、平行線と角、三平方の定理などの単元では、図をかいて考える必要があります。

定規がないと図がかけないという人がいますが、日ごろからフリーハンドでかけるように練習しておくようにしましょう。また、なるべく形やバランスがよい図をかくことが大切です。

図をかくときの注意点

ポイント1
5～6行くらいを使って、大きめにかく

ポイント2
直線はまっすぐ、曲線はなめらかにかく

ポイント3
問題をとくのに必要な数値を書きこむ

ポイント4
なるべく正確な比率でかく

図形の問題では、例えば表面積を求めるのに側面積だけを求めていたということがあるので、直した答えが合っているかどうか確認もしましょう。

NG

図がないのでどうやって
といたのか、わからない

1/11 立体の体積・表面積

2(1)

$8\times 2\pi\times 3=48\pi$

$\pi\times 3^2=9\pi$

$48\pi+9\pi=57\pi$　　$\underline{57\pi\ cm^2}$

OK

1/11 立体の体積・表面積

2 (1)

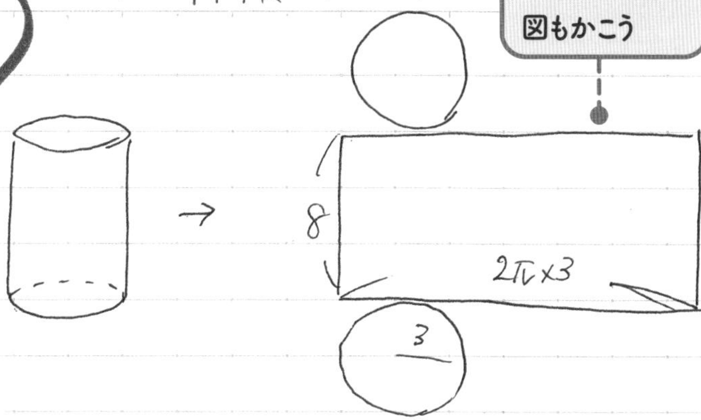

図形の問題は
図もかこう

$8\times 2\pi\times 3+\pi\cdot 3^2\times 2$

底面2つ

底面は上下2つ
あることを忘れない

$=48\pi+18\pi$

$=66\pi$　　$\underline{66\pi\ cm^2}$

直した答えが合って
いるかも確認（かくにん）

直し

⑦数学の問題集をとき直す3

文章題や応用問題は解法のパターンをまとめておく

解法を理解することが大切

文章題や応用問題のまちがいの原因は、公式や解法のパターンがわかっていないことがほとんどです。

方程式の場合は、立てた式がどういう意味なのかを考えるようにしましょう。

等式（方程式）の立て方

○＝□（何と何が等しいか）

代金の問題　おつり＝出したお金－代金

個数の問題　配る前の個数＝配ったあとの個数

○＋□＝△（合わせていくつか）

速さの問題　時間が合わせて何分、道のりが合わせて何m

食塩水の問題　食塩の量が合わせて何g

等式を上手に立てるコツは、等式をてんびんと考えて、つり合わない場合は少ない方に少ない分をたす（多い方から多い分ひく）ようにします。

OK

7/8 方程式の利用

2 (1) すいかの代金をx円とする

$$5000-(2x+800)=2200$$

(出したお金 − 代金 = おつり)

式の意味も書く

(2)

$$5000-2x-800=2200$$

$$4200-2200=2x$$

$$2000=2x$$

$$x=1000$$

1000円

4 (1)

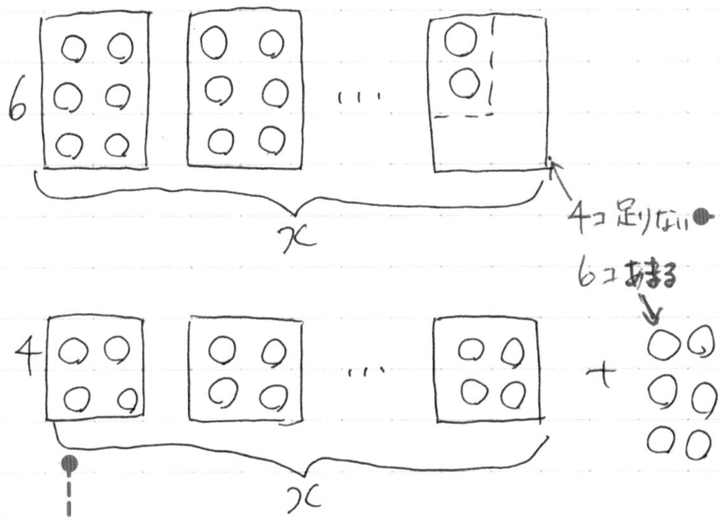

$$6x-4=4x+6$$

わかりにくい場合は
図もかこう

x人に6個ずつ
配ると4個足りない
→6x−4

直し

⑧国語の問題集をとき直す1

記述問題は設問と答え、そう考えた根拠も書く

設問と答え、その根拠も書く

国語の直しで大切なことは、どんな問題をまちがえたのかがわかるように設問も書くことです。といっても、設問を丸写しする必要はありません。問題の意味がわかれば「～とは何か」など箇条書きでもOKです。

設問と答えをセットで直す

- カイワレ大根はダイコンの何にあたるか
  →芽

形式段落を答える問題では、段落の番号だけでなく、それぞれの段落がどんなまとまりになっているのかも考えて書くようにしましょう。

段落のまとまりを整理しておく

- 1～3段落　→ダイコンの器官について
- 4～7段落　→ダイコンの味について

第4段落から
味について書かれて
いることがわかるね！

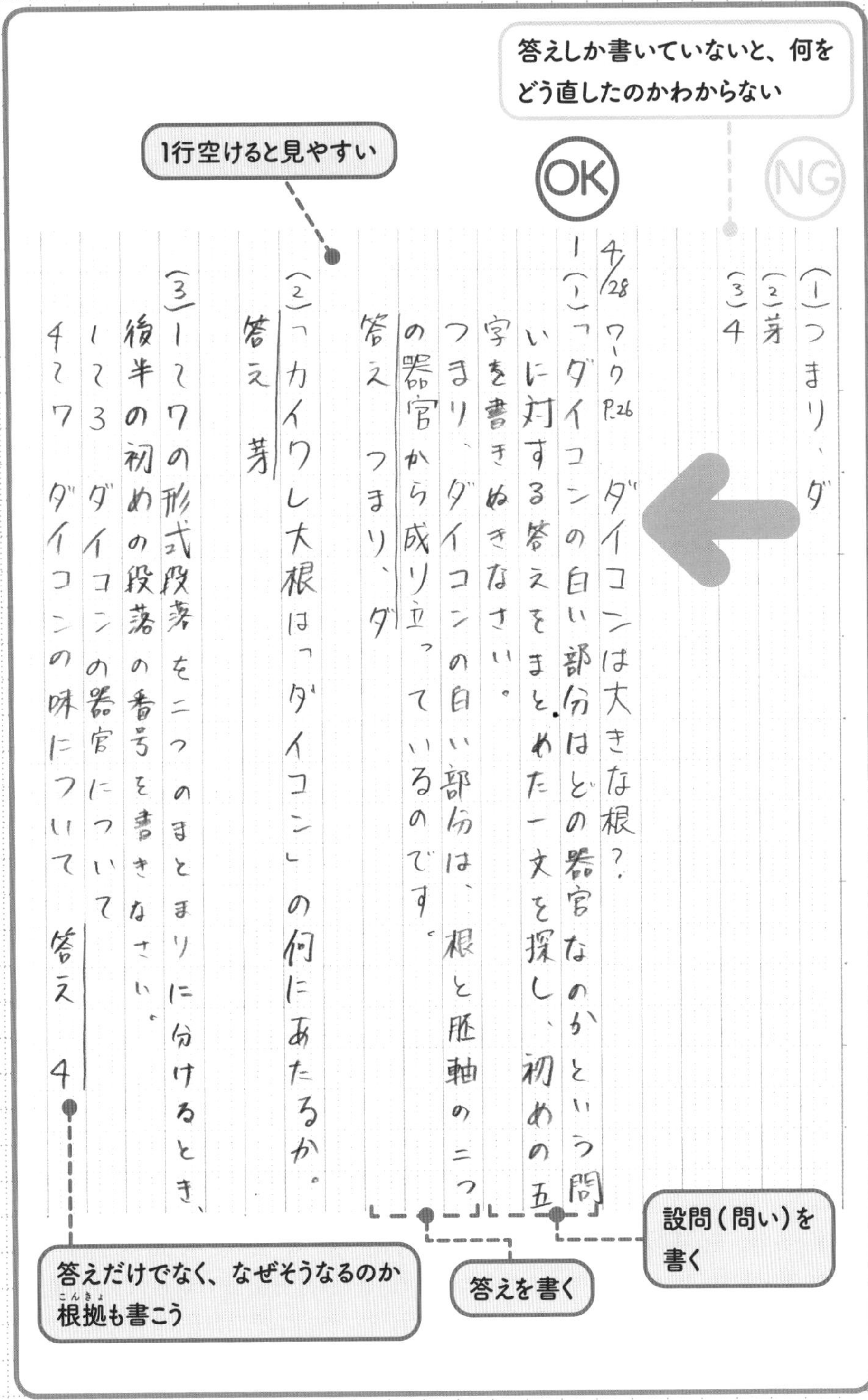

答えしか書いていないと、何をどう直したのかわからない
NG
(1)つまり、ダ
(2)芽
(3)4
OK
1行空けると見やすい
4/28 ワーク P.26
1(1)「ダイコンは大きな根?
ダイコンの白い部分はどの器官なのかという問いに対する答えをまとめた一文を探し、初めの五字を書きぬきなさい。
つまり、ダイコンの白い部分は、根と胚軸の二つの器官から成り立っているのです。
答え つまり、ダ
(2)「カイワレ大根は「ダイコン」の何にあたるか。
答え 芽
(3)1~7の形式段落を二つのまとまりに分けるとき、後半の初めの段落の番号を書きなさい。
1~3 ダイコンの器官について
4~7 ダイコンの味について
答え 4
設問(問い)を書く
答えを書く
答えだけでなく、なぜそうなるのか根拠(こんきょ)も書こう

直し

⑨国語の問題集をとき直す2

選択問題は選択肢のどの部分がちがうのかも書く

記号だけ直しても意味はない！

選択問題は設問と記号だけではなく、正しい答えも書きましょう。

〈問題例〉

1. 次の□にあてはまる言葉をあとのア～オから選び、記号で答えましょう。

（1）□がたたない。（相手が強すぎてかなわない）

（2）話に□がさく。（次々に話題が出て話がさかんになる）

（3）船頭多くして船□に登る。（指示する人が多くて、物事があらぬ方向へ進む）

ア 山　イ 川　ウ 草　エ 花　オ 歯

2.「ちょっと立ちどまって」を読んで次の問いに答えなさい。

（1）——線部の上の図について述べた文として正しいものを選べ。

ア　人には自分なりのものの見方がある。

イ　ものの見方は意識的に変えることはできない。

ウ　人は最初の印象や思い込みでものを見てしまうことがある。

エ　ものの見方はさまざまで、どんなふうにも見えてしまう。

選択問題を直すときの注意点

- 設問（問い）と記号だけでなく正しい答えも書く
- 選択肢のまちがっている部分をチェック
（線などで消す）

OK　NG

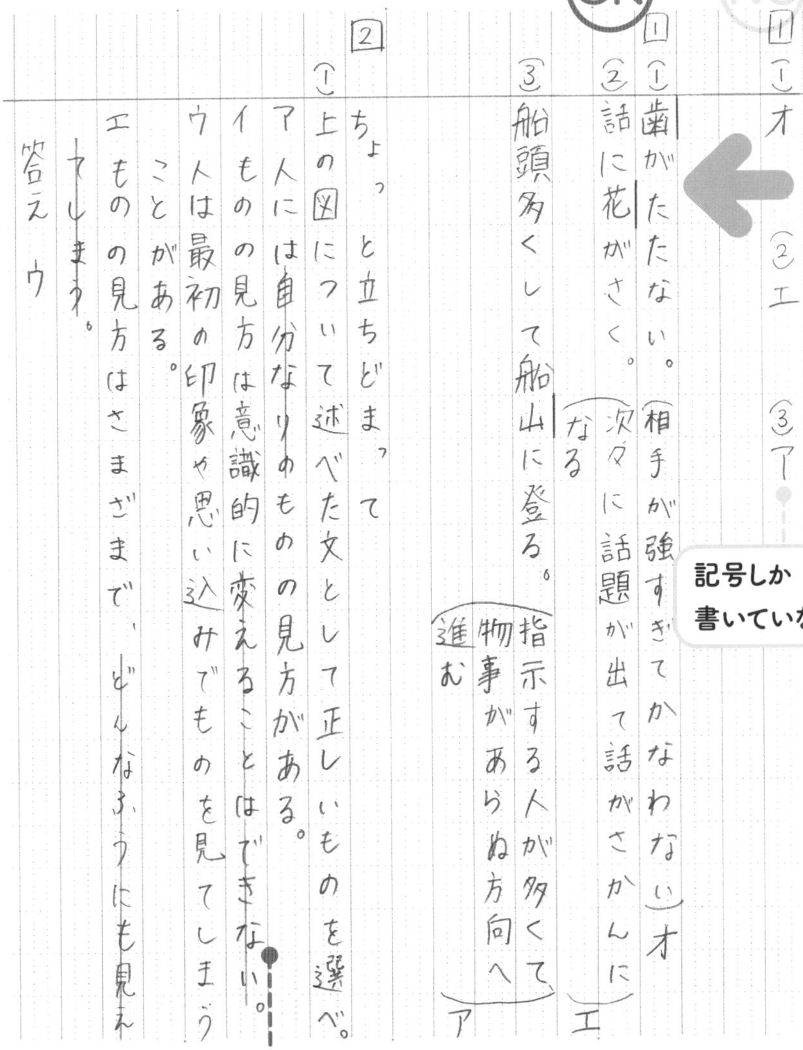

1 (1)オ (2)エ (3)ア
1 (1)歯がたたない。(相手が強すぎてかなわない)オ
(2)話に花がさく。(次々に話題が出て話がさかんになる)エ
(3)船頭多くして船山に登る。(指示する人が多くて、物事があらぬ方向へ進む)ア
2 (1)ちょっと立ちどまって上の図について述べた文として正しいものを選べ。
ア人には自分なりのものの見方がある。
イものの見方は意識的に変えることはできない。
ウ人は最初の印象や思い込みでものを見てしまうことがある。
エものの見方はさまざまで、どんなふうにも見えてしまう。
答え ウ

記号しか書いていない

選択肢のまちがっているところを消す

直し

⑩社会の問題集をとき直す1

一問一答式は問題文と答えだけでなく注意点も書く

一問一答式の問題は答えだけ直してもわからない！

社会では似た用語や地名が多く、ちがいがわからなくなることがあります。例えば、緯線と経線はよく似ていますが、横に区切った線かたてに区切った線かというちがいがあります。

一問一答式の問題の直し方

ポイント1 問題文と答えをセットで書く

ポイント2 次、まちがえないように注意点も書く

ポイント3 漢字のまちがいは、ちがいがわかるように大きく書く

一問一答式の問題のまちがい直しは、問題文と答えはもちろん、次にまちがえないようにするために注意点なども書くようにしましょう。

また、社会や理科で多いのが漢字のまちがいです。太平洋（大×）、地球儀（義×）、本初子午線（牛×）など、まちがえやすい漢字は大きく書くなど、ちがいがわかるようにしましょう。

NG

赤ペンで答えを写すだけではダメ

逆と書くだけではダメ

①ユーラシア大陸　②大西洋
③海洋　④地球儀
⑤世界地図　⑥経線
⑦赤道　⑧緯線　逆
⑨本初子牛線　⑩90度　180度

OK

まちがえそうな漢字は大きく

6/4 地理ワークP12 世界のすがた　儀
とき直し

④地球をそのまま縮小したもので、面積・方位・距離・形・角度などの条件を同時に満たすことのできるもの。
地球儀

⑥赤道に平行な、南北それぞれ90度にわけた線。
緯線
横緯経タ（よこいけいた）と覚える！

⑦緯度0度の線。
赤道

⑧赤道と直交し、北極点と南極点をたてに結んだ線。
経線

⑨イギリスのロンドンを通る、経度0度の線。
×牛
本初子午線

⑩経度0度を基準にして、東西それぞれ何度に分けているか。
180度

緯線（いせん）と経線のちがいがわかるように覚え方も書こう

直し

⑪社会の問題集をとき直す2

年表を書いて流れもわかるようにしよう

歴史の問題は、流れやちがいを考えて直そう

歴史は流れを理解することが大切です。正しい答えを書いておしまいにするのではなく、関連するできごとを年表で書いて流れをまとめたり、まちがえやすい用語（人物）との区別の仕方もまとめたりしましょう。

〈問題例〉

年代	できごと	
630	第1回遣唐使（けんとうし）が派遣（はけん）される	A
710	平城京に都が移される	
	ア	
794	平安京に都が移される	B
797	坂上田村麻呂（さかのうえのたむらまろ）が征夷大将軍（せいいたいしょうぐん）となる	C
	イ	
866	藤原良房（ふじわらのよしふさ）が摂政（せっしょう）となる	D
884	藤原基経（ふじわらのもとつね）が関白（かんぱく）となる	E
	ウ	
1016	Fが摂政（せっしょう）となる	
	エ	

NG

1 A. 遣唐使の派遣が行われなくなった時期
ウ
B. 桓武天皇

答えだけだと何をした人物かわからない

なぜなのか根拠(こんきょ)も書く

1 A 遣唐使の派遣が行われなくなった時期
ウ (9世紀後半)
907年にほろんだ唐は、9世紀には力がおとろえていた

〈遣唐使の開始と宋が統一するまで〉
・630年 第1回遣唐使が派遣される
↓
・907年 唐がほろぶ
↓
・979年 宋が中国を統一する

OK

流れがわかるように自分で年表をつくる

B. 平安京に都を移した天皇
桓武天皇

まちがえやすい言葉・人物をまとめる

〈まちがえやすい天皇〉
天武天皇…壬申の乱に勝利後、飛鳥地方で政治
聖武天皇…平城京(奈良)、東大寺
桓武天皇…平安京(京都)

直し

⑫社会の問題集をとき直す3

資料問題は図表を写すだけでなくポイントも書きこむ

図表などをただ写すだけでなくポイントを書きこんでおく

図表やグラフなどの資料問題は、ただ写すだけでなくポイントも書きこむようにしましょう。

また、空欄やA、B、Cなど記号に置きかわっているところは、すべてあてはまる言葉に直しておきます。

資料問題の直し方

ポイント1

国名がA、Bなど記号になっていたら、どれがどの国なのかを書く

ポイント2

ただ写すだけでなく、特徴やポイントなども書きこんでおく

雨温図などは、ただ写すだけでなく、特徴をとらえるようにしよう。

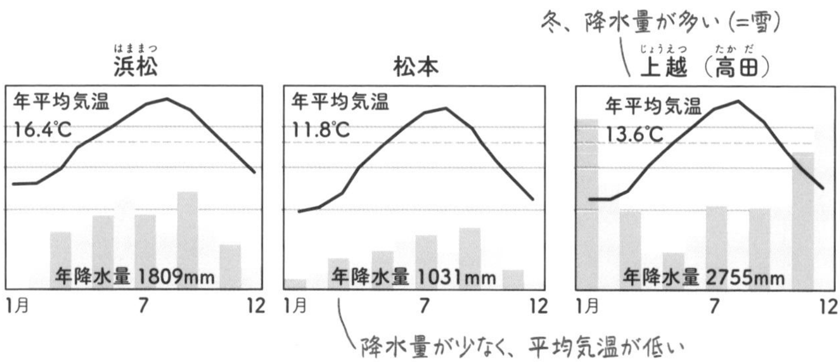

2 中国、インド、インドネシア、ブラジルの輸出額上位品目

	第1位	第2位	第3位
A	大豆	機械類	肉類
B	石油製品	機械類	ダイヤモンド
C	石炭	パーム油	機械類
D	機械類	衣類	繊維品

表中のA～Dのうち、ブラジルを表しているのはどれか記号で答えましょう。

NG

2 答え A

答えしか書いていない

2 A ブラジル　B インド
C インドネシア　D 中国　答え A

国名が書いてあるが、どう直したのかわからない

OK

資料から読み取れる
特徴(とくちょう)も書いておく

11/24 P38 世界の諸地域

2 A 大豆や肉類が多い → ブラジル
B 石油製品が多く、ダイヤモンドが入っている → インド
C 石炭、パーム油が多い → インドネシア
D 機械類がトップで、衣類、繊維類が多い → 中国

答え A

直し

⑬理科の問題集をとき直す1

一問一答式の問題は問題文と答えをセットで直す

一問一答式は、問題文と答えをセットで直し、ポイントも書く

社会と同様、理科でも一問一答式の問題は、問題文と答えをセットで直すようにします。めんどうだからといって答えだけを写すということがないようにしましょう。

一問一答式の問題の直し方

ポイント1　問題文と答えをセットで書く

ポイント2　次、まちがえないように注意点も書く

ポイント3　漢字のまちがいは、ちがいがわかるように大きく書く

例えば被子(ひし)植物と裸子(らし)植物のちがいや、子房(しぼう)が果実になるのか種子になるのかわかりにくいので、ちがいや覚え方も書くようにしましょう。

果実と種子を逆に書いてしまった場合は、（矢印で）逆と書いておくだけでなく、子房(しぼう)→果実、胚珠(はいしゅ)→種子と覚えるというポイント（覚え方）も書くようにしましょう。

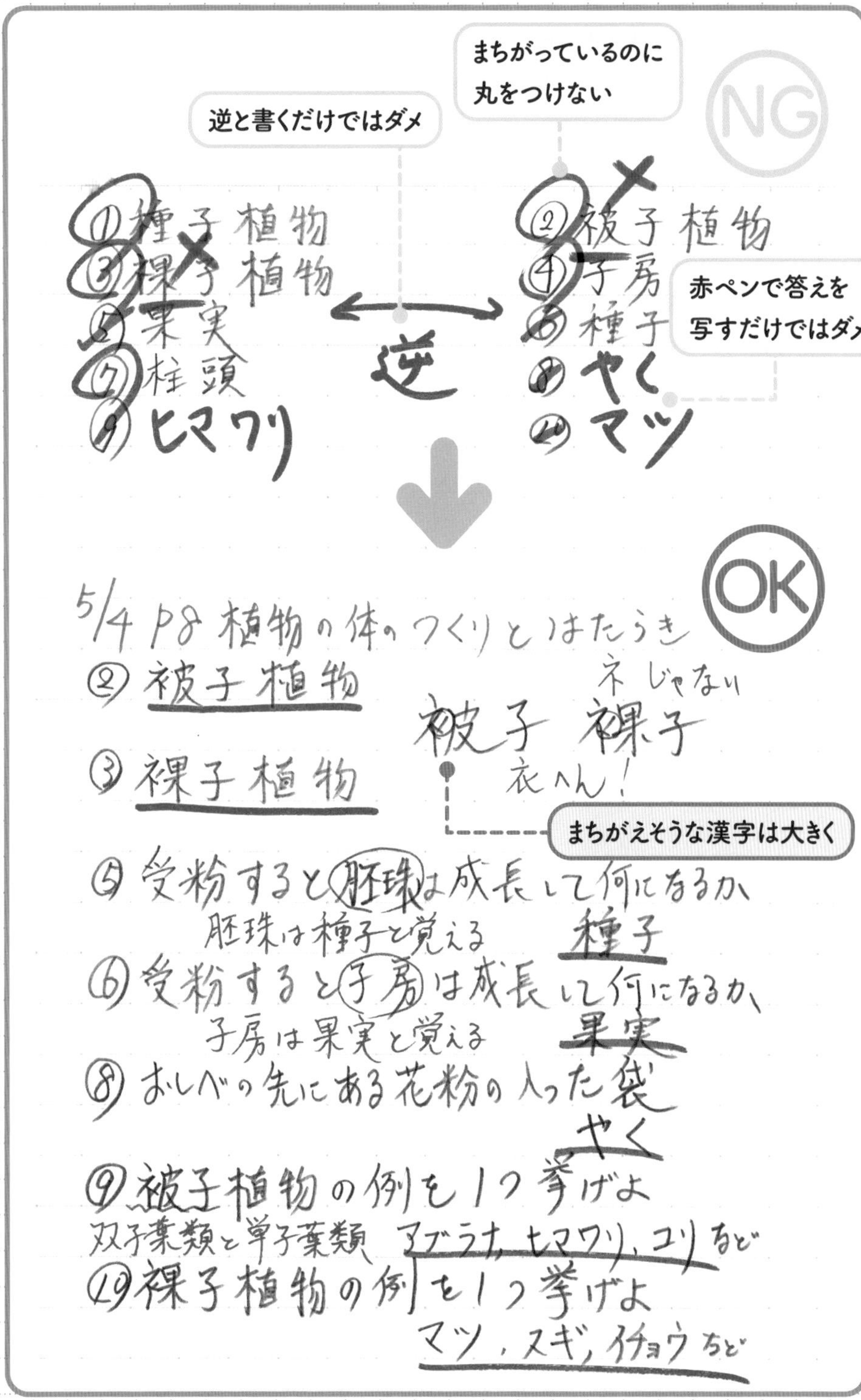

NG
逆と書くだけではダメ
まちがっているのに丸をつけない
①種子植物
③裸子植物
⑤果実
⑦柱頭
⑨ヒマワリ
逆
②被子植物
④子房
⑥種子
⑧やく
⑩マツ
赤ペンで答えを写すだけではダメ
OK
5/4 P8 植物の体のつくりとはたらき
② 被子植物
③ 裸子植物
被子 裸子
ネじゃない
衣へん！
まちがえそうな漢字は大きく
⑤ 受粉すると胚珠は成長して何になるか
胚珠は種子と覚える
種子
⑥ 受粉すると子房は成長して何になるか、
子房は果実と覚える
果実
⑧ おしべの先にある花粉の入った袋
やく
⑨ 被子植物の例を1つ挙げよ
双子葉類と単子葉類 アブラナ、ヒマワリ、ユリなど
⑩ 裸子植物の例を1つ挙げよ
マツ、スギ、イチョウなど

直し

⑭理科の問題集をとき直す2

実験問題は実験の様子や注意点をイラスト入りでかく

実験の手順や注意点などイラストを使ってかこう

実験の問題のまちがい直しでは、実験の様子がわかるようにイラストもかくようにしましょう。

イラストは細かくきれいにかく必要はありませんが、わかりやすいように大きめにかくことがポイントです。

関連するポイントもまとめておく

〈気体の発生と性質〉

気体の種類…酸素、二酸化炭素、水素、アンモニアなど

気体の性質の調べ方…火のついた線香を近づける、
石灰水に通すなど

気体の集め方…水上置換法、上方置換法、下方置換法

気体の発生と性質を取り上げた実験の問題では、気体の種類、性質とその調べ方、集め方などが問われます。

まちがい直しでは、問いと答え、根拠も合わせて書くようにしましょう。

答えだけでは何をどう
まちがえたのかわからない

NG

2 (1) うすい過酸化水素水　二酸化マンガン
(2) 水上置換法
(3) 火のついた線香を近づける

OK

9/15 p92 気体の発生と性質

2 (1) 酸素を発生させるとき、液体Aと固体Bは何を用いるか
Aの液体　うすい過酸化水素水
Bの固体　二酸化マンガン

様子がわかるように
イラストもかく

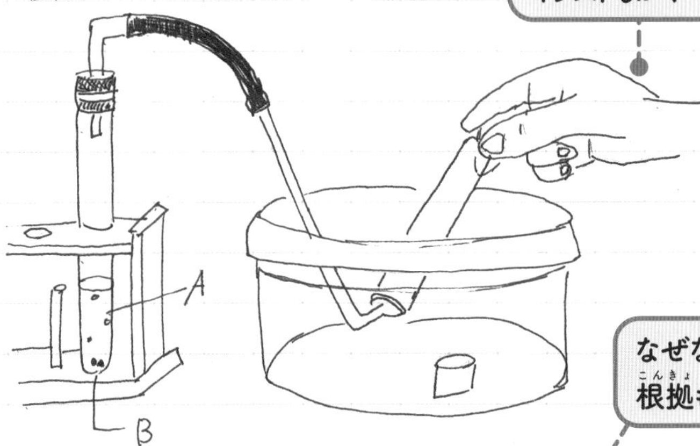

なぜなのか
根拠(こんきょ)も書く

(2) 発生した気体を集める図のような方法
水上置換法　(水に溶けにくい気体だから)
(3) 発生した気体が酸素と確かめる方法
火のついた線香を近づけ、激しく燃えるかどうか調べる

第3章 直しノート術
理科

第4章

まとめノート術

わからないことを整理した「まとめ（ふり返り）ノート」

「まとめノート」のキホンは、自分がよくわかっていないことやテストに出そうなことをまとめることです。

決して、教科書や参考書の要点などを丸写しすることがないようにしましょう。

この章のポイント

OKな例

- 問題集をといて、よくわからなかったことをまとめる
- テストに出そうなことを予想してまとめる
- 箇条書き（かじょうが）きや図表を使って簡潔にまとめる

NGの例

- いきなり「まとめノート」を書く
- 教科書や参考書の要点などを丸写しする

①まとめノートの書き方

わかっていないこと、テストに出そうなことをまとめる

いきなりまとめノートを書かない！

まとめノートを書くときに注意したいのが、いきなりまとめノートを書かないことです。

テスト勉強をしようと思って、まず、まとめノートを書く人がいますが、ノートをまとめることに時間がかかってしまい、非常に効率の悪い勉強法です。

それに、まとめるといってもほとんどの人が教科書や問題集の要点のまとめを写すだけになっています。これでは、わざわざノートにまとめ直す意味がありません。

問題集をとく→わからないことをまとめる

問題集をとくことで、「とけなかった問題＝わかっていない問題」ということがわかります。テストや問題集などで、自分がまちがえた問題をふり返って、わかっていないことをまとめるようにしましょう。

また、テストにどんな問題が出るか予測して、図表や箇条書きなどで、簡潔にまとめることも大切です。

自分がわかって
いないことを
まとめよう！

NG

教科書や要点のまとめの丸写し

文章の丸写しでは記憶（きおく）にほとんど残らない

① 欧米の発展と日本の開国

・17世紀半ば、イギリスでピューリタン革命が起こりました。その後、名誉革命が起こり、権利の章典が制定されました。アメリカでは、ワシントンを総司令官とする独立戦争が起こり、1776年に独立宣言が発表されました。こうしてアメリカ合衆国が誕生しました。フランスでは、1789年にフランス革命が起こり、人権宣言が発表されました。

・18世紀後半のイギリスで産業革命が起こり、各地に広がっていきました。

・1861年、アメリカで南北戦争が起こりました。リンカン大統領は、奴隷解放宣言を出し、北部を勝利に導きました。

・清とイギリスの間でアヘン戦争が起こり、イギリスが勝利しました。

② 開国と江戸幕府の滅亡

・幕府は、1825年に異国船打払令を出しました。

・1837年、大阪町奉行所の元役人の大塩平八郎は、困窮する民衆の救済を求めて弟子とともに蜂起しました。

OK

テストに出たら、まちがえそうなことをまとめる

要点を年表など箇条書き（かじょうが）きでまとめる

＜立憲国家への歩み＞

・1640年　イギリスでピューリタン（清教徒）革命
・1688年　イギリスで名誉革命 → 権利の章典　国王の権力を制限
・1776年　アメリカで独立宣言が発表される
・1789年　フランス革命が起こる
（1776年〜1789年：イギリスで産業革命が起こる）
・1825年　異国船打払令が出される
・1840年　清とイギリスの間でアヘン戦争が起こる
・1861年　アメリカで南北戦争が起こる

補足の説明も書きこんでおく

まとめ

②英語のまとめノートの書き方1

英語でよくやるまちがいをまとめる

教科書の丸写しをしない

疑問文や否定文をつくるときに、よくAre you make ～?やHe does not makesなどとしてしまう人は、現在形や進行形のちがいをまとめるようにしましょう。このとき、教科書の丸写しをしないことが大切です。

現在形の疑問文と否定文、主語が三人称単数の現在形の疑問文と否定文、現在進行形の疑問文と否定文とちがいがわかるようにまとめます。

例えば、「つくる」という動詞を例に、現在形、三人称単数の現在形、現在進行形をつくってみるとよいでしょう。そのとき、意味（訳）も書くようにします。

新たに出てきたわからないことも調べてまとめる

三単現（三人称単数の現在形）のsと言われても、そもそも「三人称単数って何?」と思う人が大半だと思います。

そこで、三人称単数のように新たに出てきたわからないことも教科書や参考書で調べてまとめるようにしましょう。

わからないことは
調べてまとめよう

OK

【(主語が)三人称単数の現在形】

(彼が)つくります。→ He makes ～

疑 (彼は)つくりますか → Does he make ～?
動詞の原形

否 (彼は)つくりません。→ He does not make ～
動詞の原形

「does not ＋動詞の原形」など注意点も書く

【現在進行形】

つくっています → is making ～

疑 つくっていますか → Are you making ～?

否 つくっていません → is not making

教科書の丸写しではなく自分でまとめる

OK

<よくやるまちがい>

・be動詞の疑問文 → be動詞(am, is, are)を前に出す。

・一般動詞の疑問文 → do(does)を前に出す。

× You ~~are~~ make be動詞と一般動詞は同時に並ばない。

× He does not make~~s~~ don't doesn'tの後は動詞の原形

× He ∨ making 進行形はbe動詞とセット(is …

× makeing makeのing形は語尾のeをとって…

・三人称単数の主語…He, She, It, This など
↑(isにくっつくものと覚える)

三人称単数がわからなかったら調べてまとめる

まとめ

③英語のまとめノートの書き方2

覚えておくべき文法事項をまとめる

英語で覚えておくべきルール＝文法事項

英語には、たくさんのルールがあります。文法事項として丸覚えするだけでなく、意味まで理解するようにしましょう。

例えば、日本語では「書く+終える」は、「書く終える」とはならず、「書き終える」と「書く」の語尾が変化して「終える」にくっつきます。

同様に英語でも、finish write とはならず、「finish ＋ write ＝ finish writing」となります。

なぜそうなるのか根拠も書いておく

excited と exciting のちがいもわかりにくいようです。これも丸覚えするのではなく、「excite ＝わくわくさせる」という細かいニュアンスもまとめるようにします。

そうすると、自分がわくわくさせられる場合は、受け身のように「I am excited.」のように使い、物が主語にきた場合は、「It is exciting.」のように使うことがわかります。

まとめておきたい文法事項の例

〈主語によって形が変わる形容詞〉

・人+～ ed → I am excited. 私はわくわくしています。

・物+～ ing → It is exciting. それはわくわくします。

OK

熟語を一覧にしてまとめる

[to 不定詞を使った熟語・構文]

- be surprised to do　～して驚く
- be happy to do　～して幸せ
- be sad to do　～して悲しい
- It is ～ to do.　…することは～だ。
- something to do　何か～するもの
- 何かあたたかいもの → something hot（説明は後）

[あとに ing 形をとる動詞]

- finish ～ing　今やっていることを終える → ～し終える
- enjoy ～ing　今やっていることを楽しむ → ～して楽しむ
- stop ～ing　今やっていることをやめる → ～するのをやめる

[主語によって形が変わる形容詞]

- 人＋～ed → I am excited. 私はわくわくしています。
  → I am interested. 私は興味があります。
- 物＋～ing → It is exciting. それはわくわくします。
  → It is interesting. それは興味深いです。

人が主語→～ ed
物が主語→～ ing
というルールを書いておく

④数学のまとめノートの書き方1

計算でよくやるまちがいをまとめる

自分がよくまちがえるパターンをまとめる

数学の計算ミス（ケアレスミス）はまちがい直しをするだけでは不十分で、自分で意識して直そうとしない限り、なかなかなくなりません。

そこで、よくするまちがいをふり返って、まとめノートにまとめてみるようにしましょう。

数学でまちがえそうな単元

- （　）の計算や四則計算の順序
- 分数の文字式、方程式の計算
- 展開と因数分解

まず、今までまちがえた問題をノートにまとめます。次に、まちがえた原因を考えます。

どうしたらまちがえなくなるか対策も考えるようにしましょう。

まちがえた問題
をふり返って
まとめよう！

まちがった計算と
正しい計算の
両方を書いておく

OK

まちがった計算

$6-(-12)\div 3$

$=6+12\div 3$

$=18\div 3$

$=6$

思いつきで
計算しない

正しい計算

わり算が先

$6-(-12)\div 3$

$=6-(-4)$

$=6+4$

$=10$

まちがった計算

$\frac{5x+3}{4}-\frac{2x-1}{3}$

$=\frac{15x+9}{12}-\frac{8x-4}{12}$

$=\frac{7x+5}{12}$

通分と分子の計算を
同時にやらない

まず、通分を
する

正しい計算

$\frac{5x+3}{4}-\frac{2x-1}{3}$

$=\frac{3(5x+3)-4(2x-1)}{12}$

$=\frac{15x+9-8x+4}{12}$

$=\frac{7x+13}{12}$

分子は（　）書きにして
あとで計算

$(a+b)^2=a^2+b^2$
とはならない

まちがった計算

$(x+2)^2$

$=x^2+4$

正しい計算

$(x+2)^2$

$=x^2+4x+4$

まとめ

⑤数学のまとめノートの書き方2

公式・解法のパターン集をつくる

数学では多くの公式や解法が必要

数学では公式や解法が重要です。特に「この問題のときは、このとき方」という解法の定番パターンがある問題がほとんどです。

公式や解法パターンの一覧をまとめるようにしましょう。

まとめておきたい公式集の例

表面積や体積の公式　　変化の割合　　多角形の内角の和

など

解法パターン集の例

補助線の引き方

→ 平行に引く、辺を延長する

円周角の問題

→ 円周角は中心角の半分になる、半円の弧の円周角は90度になる、二等辺三角形になる

OK

関数 y=ax^2 の変化の割合

〈公式〉

・関数 $y=ax^2$ で、x の値が $p \to q$ まで増加するときの変化の割合 → $a(p+q)$

・n 角形の内角の和 $180°(n-2)$

〈解法のパターン〉

・補助線のひき方

補助線の引き方のコツ

→ 平行にひく

→ 足を延長する

・円周角の問題

→ 円周角は中心角の半分

→ 半円の弧の円周角は90度

→ 二等辺三角形ができる

円周角の問題の定番の解法

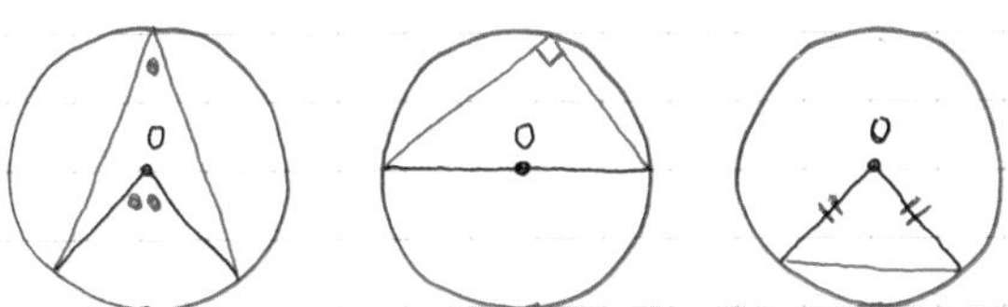

円周角は中心角の半分！　　半円の弧の円周角は90度！　　二等辺三角形ができる！

まとめ

⑥国語のまとめノートの書き方1

国語でよくやるまちがいをまとめる

国語の記述問題では答え方がカギになる

記述問題で、「なぜですか」と問われているのに「〜します」と答えてバツになる人がよくいます。ほかにも、要約問題の答え方がわからないという人も少なくありません。

こうした問題にも正しい答え方やとき方があるので、問題集の解答だけでなく解説も読んで、テスト対策としてまとめるとよいでしょう。

まちがえやすい受け答え

設問文		答え方
なぜか	→	〜から
どういうことか	→	〜ということ

要約問題の考え方の手順

ステップ1　文章の柱（主部と述部）を決める

ステップ2　なぜ、どのように、どんななど補足の言葉を加える

ステップ3　字数制限に合うように調整する

OK

国語でよくやるまちがい
・問いに対する受け答え
なぜですか↓〜から
どういうことか↓〜ということ

要約問題の答え方
①文章の柱（主部と述部）を決める
↓活字メディアとの格闘は格好のトレーニングの場となる
②なぜ、どのように、どんななどの補足の言葉を加える
↓情報や知識との格闘の場を与えてくれる。
↓受け手のペースで読むことができる。
↓複眼的思考を身につける上でトレーニングの場となる。
③字数制限に合うように調整する
活字メディアは、受け手のペースで読むことができ、情報や知識と格闘する時間を与えてくれるので、複眼的思考を身につける上で格好のトレーニングの場となる。（74字）

問いに対する受け答え（文末）に注意する

いきなり字数に合わせようとせず、3ステップで考える

⑦国語のまとめノートの書き方２

漢字、語句などのポイントをまとめる

読解問題や記述問題以外のまとめもやろう

国語では、読解問題や記述問題のほかに、漢字をはじめ、故事成語やことわざ、慣用句などの語句の問題も大切です。

そこで、漢字や熟語、故事成語などをまとめノートにまとめて、テスト前にふり返るようにしましょう。

漢字、語句などのまとめ方

漢字の成り立ちや部首

　→**部首名とその意味をまとめる**

熟語の成り立ち

　→**熟語の成り立ちとその例もまとめる**

故事成語・ことわざ・慣用句など

　→**故事成語の意味や元となった故事などもまとめる**

これ以外にも、
テストに出そうな
ところをまとめるのが
ポイントだよ！

OK

部首とその意味も書く

〈部首の意味〉
・こざとへん(阝)→丘に関わる、のぎへん(禾)→穀物に関わる
・りっとう(刂)刀に関わる　おおざと(阝)→人が住む場所
・くさかんむり(艹)→植物に関わる、うかんむり(宀)→家屋に関わる
・れっか/れんが(灬)→火に関わる、かい(貝)→人の集まり
・がんだれ(厂)→建物など、やまいだれ(疒)病気に関わる
・しんにょう/しんにゅう(辶)道に関わる
・もんがまえ(門)→出入り口など、ぎょうがまえ(行)

〈熟語の成り立ち〉
・意味が似ている漢字を組み合わせたもの
→温暖(温かい、暖かい)　暗黒(暗い、黒い)
・後の漢字が前の漢字の目的や対象になっているもの
→登山(山に登る)　集客(客を集める)

熟語の成り立ちとその例も書く

〈故事成語・ことわざ・慣用句〉
・矛盾
→理屈として二つの事柄のつじつまが合わないこと
・蛇足
→付け加える必要のないもの
(中国の楚の国で蛇の絵をはやく描く競争をした時、最初に描きあげた者が足まで描いてしまったため負けたという故事から)
・背水の陣
→あとに引けぬ場面で決死の覚悟で臨む心構え

意味だけでなく、元となった故事も書こう

まとめ

⑧社会のまとめノートの書き方1

社会でよくやるまちがいをまとめる

似たものやわかりにくいものを一覧にしてまとめる

ある程度、歴史を学ぶと○○の改革や○○の乱など、似た名前がたくさん出てきてごっちゃになってしまいます。このような似た用語はテストでよくまちがえる原因になるので、**まちがえやすそうな似た用語をまとめる**ようにしましょう。

例えば、鎌倉時代の仏教や江戸時代の改革などです。浄土宗をはじめ、いろいろな仏教の宗派が出てきますが、それぞれ開祖とセットで一覧表にまとめ、語呂合わせで覚えるようにします。

江戸時代の改革も、徳川綱吉の改革から天保の改革まで、たくさん出てくるので一覧表にまとめておきましょう。

江戸時代の改革の覚え方

綱吉 → 享保 → 田沼 → 寛政 → 天保

語呂 （夕飯に）ツナ、今日だ寒天も

また、三大和歌集や○○の乱など時代をまたいだできごと、あるいは○○天皇など似た名前の人物などもわかりにくいので、一覧表にしたり箇条書きにしたりしてまとめるようにしましょう。

OK

頭文字や名前の一部を組み合わせて語呂（ごろ）をつくろう

〈鎌倉時代の仏教の覚え方〉

宗派	開祖	(ゴロ合わせ)
・浄土宗	法然	じょうほう
・浄土真宗	親鸞	しんしん
・時宗	一遍	いちじ
・日蓮宗	日蓮	にちれん
・臨済宗	栄西	ざいさい
・曹洞宗	道元	とうどう

綱吉（つなよし）＝ツナ、享保（きょうほう）＝今日、田沼（たぬま）＝だ、寛政（かんせい）＝寒、天保（てんぽう）＝天と置きかえて覚える

〈江戸時代の改革〉

・綱吉の改革・・・ 徳川綱吉：17世紀、生類憐みの令、朱子学を重視
・享保の改革・・・ 徳川吉宗：18世紀、公事方御定書、目安箱
・田沼の改革・・・ 田沼意次：18世紀、株仲間を奨励
・寛政の改革・・・ 松平定信：18世紀、天明の飢饉、朱子学以外を禁止
・天保の改革・・・ 水野忠邦：19世紀、倹約令、株仲間解散

反乱の起きた年、名前、その後もまとめよう

〈反乱のまとめ〉

672年 壬申の乱 → 天武天皇が即位
935年 平将門の乱（関東）
939年 藤原純友の乱（瀬戸内海）
1156年 保元の乱
1159年 平治の乱
1221年 承久の乱 → 京都に六波羅探題を設置
1467年 応仁の乱 → 守護大名の台頭

まとめ

⑨社会のまとめノートの書き方2

ランキングや流れなどを図表でまとめる

地理はランキングを、歴史は流れをまとめる

生徒から、「どんなことをまとめたらよいですか」という質問を受けることがあります。そんなときは、「自分がよく知らないことや覚えておくべきことが一覧になっていると、いちいち調べなくてもよいから便利だよね」と答えるようにしています。

例えば、教科書では工業出荷額や農産物の生産額などは、地域ごとに掲載されています。これでは日本全体や世界全体ではどうなっているのかわかりにくいので、ひとつのページにまとめておくと便利なことがわかります。

119ページの○○の乱など、時代をまたいだできごとも一覧にまとめておくと便利です。

まとめがあると便利なもの

歴史

- ○○の乱などの時代をまたいだできごと
- ○○天皇、○○将軍など似た名前の人物

地理

- 人口や工業出荷額など国や地域をまたいだ統計資料

OK

順位が入れかわることもあるので、代表的な県だけを覚える

〈主な農産物の生産額上位の県〉

果物ベスト3				
農産物	1位	2位	3位	その他
みかん	和歌山	愛媛	静岡	熊本
ぶどう	山梨	長野	山形	岡山
もも	山梨	福島	長野	
りんご	青森	長野	山形	岩手
さくらんぼ	山形	北海道		
なし	千葉	茨城	鳥取	福島
メロン	茨城	北海道	熊本	
いちご	栃木	福岡	熊本	
洋なし	山形	新潟	長野	

特徴的(とくちょうてき)な県を強調しておこう

〈主な国々の特徴と代表的な産業〉

面積	国名	km²	石油	国名	t(た)
1位	ロシア連邦	約1700万	1位	アメリカ合衆国	約7.1億
2位	カナダ	約990万	2位	ロシア連邦	約5.4億
3位	アメリカ合衆国	約980万	3位	サウジアラビア	約5.2億
4位	中国	約960万	4位	カナダ	約2.7億
5位	ブラジル	約850万	5位	イラク (中国)	約2.0億

面積や人口はほとんど変わりがないので覚えよう

生産量は年度によって変わるので代表的な国を覚える

第4章 まとめノート術 社会

まとめ

⑩理科のまとめノートの書き方1

理科でよくやるまちがいをまとめる

化学式など覚えられないものは語呂合わせの一覧をつくる

理科が苦手な人は、炭酸水素ナトリウムの化学式が覚えられなかったり化学反応式が覚えられなかったりします。その結果、理科の化学分野のテストがいまいちということが多々あるようです。

そんなときは、覚えるべき化学式をまとめ、語呂合わせなどを駆使して覚えるようにしましょう。

まとめをした方がよいもの

生物分野
- 植物のなかま、動物のなかま
- 消化酵素のはたらき

物理分野
- 音の性質（音の高さや大きさなど）

化学分野
- 気体の性質と集め方
- 化学式
- 指示薬の色の変化

地学分野
- 火成岩の特徴
- 堆積岩や示準化石
- 気団と前線

OK

頭文字などを組み合わせて覚える

係数もまちがえないように強調する

〈分子をつくる主な物質〉
語呂：すいさんようちえん
H_2 O_2 I_2 N_2 Cl_2

〈覚えにくい化学反応式〉
語呂：双子のなほ子さん，暑いのでなつ子さんに変身して
水飲みすぎてゲップした
炭酸水素ナトリウム → 炭酸ナトリウム ＋ 水 ＋ 二酸化炭
$2NaHCO_3 \rightarrow Na_2CO_3 + H_2O +$

ひとつのストーリーをつくると覚えやすい

〈主な2価の陽イオン〉
語呂：バカまぐ（ちゃん），（もう）会えん，どーしよう
Ba^{2+} Ca^{2+} Mg^{2+} Zn^{2+} Cu^{2+}

〈指示薬の色の変化〉

	酸性	中性	アルカリ性
青色リトマス紙	赤		
赤色リトマス紙			青
BTB液	黄	緑	青
フェノールフタレイン液			赤
pH試験紙	赤	黄	青

酸性はすっぱいもの＝梅干し（赤）やレモン（黄）と覚える

フェノールフタレイン液だけ異なるので注意

まとめ

⑪理科のまとめノートの書き方2

似ている用語は図表にまとめよう

ややこしいことは図表や箇条書きでまとめよう

理科でも社会と同様に、似た用語がたくさんでてきます。消化液の種類やはたらき、消化酵素のはたらきから、植物・動物のなかままで、ややこしいことはちがいがわかるように箇条書きでまとめたり、一覧表にまとめたりするようにしましょう。

まとめ方のポイントは、ちがいや意味がわかるようなまとめ方です。教科書や問題集の要点のまとめを写すだけでなく、具体例やちがいがわかるように自分の言葉で説明を書き加えるようにします。

具体的なちがいがわからない場合は、参考書やインターネットを使って調べるようにしましょう。

まちがえやすいことの例

- 消化液と消化酵素のちがい
- 消化液のはたらき
- イモリは両生類、ヤモリははは虫類
- カメは両生類ではなく、は虫類
- サメは魚類、イルカ・クジラは哺乳類

OK

はたらきのある部分に○をつけておく

〈消化液のはたらき〉

消化液	炭水化物	たんぱく質	脂肪
・だ液	○		
・胃液		○	
・胆汁			○
・すい液	○	○	○
・小腸	○	○	

消化酵素名とはたらきをセットでまとめる

〈消化酵素のまとめ〉

消化酵素	はたらき
・アミラーゼなど	でんぷんを分解
・ペプシン・トリプシン	たんぱく質をアミノ酸に分解
・リパーゼ	脂肪を脂肪酸とモノグリセリドに分解

まちがえやすい部分は強調する

〈動物のなかま〉

脊椎動物
- 魚類…フナ、サメなど
- 両生類…カエル、イモリなど
- は虫類…カメ、トカゲ、ヤモリなど
- 鳥類…ハト、ペンギンなど
- 哺乳類…ネコ、イルカ、クジラなど

無脊椎動物
- 節足動物…昆虫類、甲殻類、バッタ、エビ、クモ
- 軟体動物…イカ、アサリなど
- その他の節足動物…ミミズ、ウニ、クラゲなど

無脊椎動物の分類にも注意する

具体例を書いておく

第4章—まとめノート術
理科

まとめ

⑫保健体育のまとめノートの書き方

保健体育で覚えるべきことをまとめよう

保健分野でテストに出そうなことをまとめる

保健分野では、健康と運動についての基本的な考え方や知識が問われます。教科書などをよく読み、文化としてのスポーツの重要性や保健に対する基礎知識など、一問一答形式でまとめるようにしましょう。

体育分野では、競技の特徴やルール、技術などをまとめる

体育の実技分野では、授業で行った競技のルールや技術面に関することがテストで問われます。競技の歴史（ルーツ）やルールなど、基礎的な知識をまとめるようにしましょう。

また、学校によっては技術を効果的に高める練習方法やトレーニング方法が問われることもあります。教科書だけでなく、授業プリントなどを見直して、テストで出題されそうなことを予測してまとめるようにしましょう。

OK

基礎知識は一問一答形式でまとめる

保健分野

〈健康と体の機能〉

・体が調節機能をはたらかせ、環境の変化に対応すること

適応

・一定の範囲内で環境の変化に適応する能力

適応能力

・気温や湿度、太陽からの熱などを計算した暑さ指数

WBGT

・暑さや寒さの感じ方に関係しているもの

気温、湿度、気流

〈スポーツと文化〉

ユネスコの国際憲章

・「体育およびスポーツに関する国際憲章」
→文化としてのスポーツの重要性を示す

・新しいスポーツの考え
→「だれもが、いつでも、どこでも、いつまでも、一人ひとりの趣味や目的に応じてスポーツに親しむ」

・スポーツ基本法
→「スポーツ基本計画」によるスポーツを推進するための施策

体育分野

〈バスケットボールのまとめ〉

・胸の前にボールを持ち、両腕を押し出すようにして手首のスナップを利用して放つパス

チェストパス

・ファウル以外の禁止されている行為

バイオレーション

・制限区域付近に立ってパスを受け、ふり返ってシュートを打つ攻撃

ポストプレー

体育分野では競技のルールなども覚える

まとめ

⑬美術のまとめノートの書き方

美術で覚えるべきことをまとめよう

美術のテストで出そうなところをまとめる

美術のテストでは、デッサンなどの実技はもちろんですが、絵画や彫刻などの作品名や作者名などが出題されます。また、作品ができた時代背景なども問われることがあるので、まとめておくとよいでしょう。

ほかにも、構図や色の三原色などの基礎知識が問われることもあります。基本的なことがらなど、テストに出そうなところをまとめるようにしましょう。

美術のテストで出題される問題

- 作品名と作者名
  （実際に、絵や写真を見て答えられるようにする）
- 構図や色などの基礎知識

このほかにも、授業で習った自画像やデッサン、遠近法や陰影のつけ方といった技法など、実技の練習などもまとめノートに書いておくとよいでしょう。

OK

〈構図の種類と特徴〉

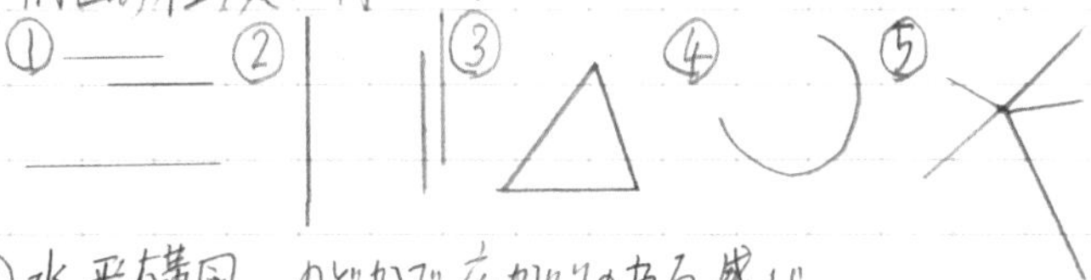

構図のパターンを図入りでまとめる

①水平構図　のどかで広がりのある感じ。
②垂直線構図　厳粛で整然とした感じ。
③三角形構図　安定しており、まとまりがある。
④弧線構図　のびやかで動感がある。
⑤放射線構図　遠近感、集中感がある。

〈色の三原色と光の三原色〉
・色の三原色…赤 青、黄 → まぜると黒に近い色
・光の三原色…赤 緑 青 → まぜると白色

色と光で三原色がちがうことを強調

〈色彩の仕組み〉
・補色…色相環の向かい合っている色
　例：赤と青緑、黄と青紫など

・近似色…色相環の隣同士の色
　例：赤と橙・赤紫、青緑と緑・緑青
・色の感じ…寒色：寒い感じがする色。青系統の色
　　　　　　暖色：暖かい感じがする色。赤系統の色
　　　　　中性色：寒暖の感じがはっきりしない色。

基礎知識を具体例とともにまとめる

まとめ

⑭技術家庭のまとめノートの書き方

技術家庭で覚えるべきことをまとめよう

技術科は製作・加工や情報などテストに出そうなことをまとめる

製図や工具の名前、コンピューターに関わる用語や注意点など、テストに出そうなことをまとめるようにしましょう。

また、記述問題に対応できるように、例えば、ローマ字入力とかな入力のちがいなどをまとめるのもよいでしょう。

家庭科は衣食住、消費生活などテストに出そうなことをまとめる

家庭分野では、家庭や家族の役割、食衣住生活、消費生活、環境などについて学びます。それぞれテストに出そうなことをまとめるようにしましょう。

家庭と家族では、乳児と幼児のちがいや遊びの役割について、ちがいがわかるようにまとめるようにしましょう。また、食生活の分野では、五大栄養素や1日に必要な食事摂取基準などをまとめるとよいでしょう。

OK

基礎知識を具体例とともにまとめる

技術科

＜製図の書き方＞

(1)キャビネット図のかき方

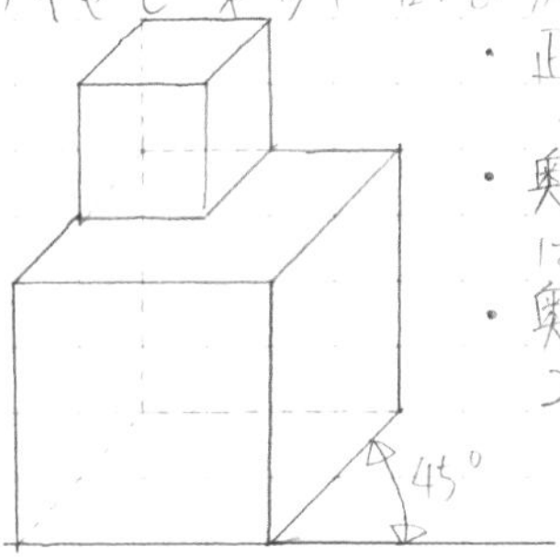

・正面となる面は、実物と同じ形、大きさで表される

・奥行きを示す線は、45°の方向にかく。

・奥行きの長さは、実際の長さの2分の1の割合で表す

＜ローマ字入力とかな入力のちがい＞

・ローマ字入力→覚えるキーが少ないが、押す回数が増える

・かな入力→キーを押す回数は少なくて済むが、覚えるキーが多く、プログラムを作成するのには不便。

記述問題にも対応できるようにまとめる

家庭科

＜幼児と遊び＞

・乳児期：出生から1歳まで

・幼児期：1歳から小学校入学まで

・遊びの意味：運動能力や知的能力の発達
好奇心や探求心を育む
社会のルールを身につける

特徴をまとめる

＜栄養と栄養素＞

・栄養素…食物にふくまれる、体に必要な成分のこと

・五大栄養素…炭水化物、たんぱく質、脂質、無機質、ビタミン

・水分の働き…栄養素の運搬、老廃物の排出、体温の調整

まとめ

⑮音楽のまとめノートの書き方

音楽で覚えるべきことをまとめよう

音楽記号などテストに出そうなことをまとめる

音楽では、定期テストで作詞・作曲者や音楽記号、音楽史などが出題されます。

テストに出そうなところを考えてまとめるようにしましょう。

まとめをした方がよいもの

曲のまとめ方

→ ・作詞・作曲者名

・調や拍子(ひょうし)などの特徴(とくちょう)

・歌詞とその意味

・楽譜(がくふ)

音楽記号のまとめ方

→ 記号の名前と意味

音楽史のまとめ方

→ 活躍(かつやく)した時代(派)や

代表的な音楽家や代表作

OK

〈音楽記号のまとめ〉

f	フォルテ	強く → m＝少し
mf	メッゾフォルテ	少し強く
p	ピアノ	弱く
pp	ピアニッシモ	とても弱く
<	クレシェンド	だんだん強く
>	デクレシェンド	だんだん弱く
D.S.	ダルセーニョ	セーニョマークに戻る
rit.	リタルダンド	だんだん遅く
Andante	アンダンテ	ゆっくり歩くような速さで

音楽記号の名前と意味を一覧にまとめる

〈音楽史のまとめ〉

・バロック派 … ヴィヴァルディ　協奏曲「四季」
　バッハ　小フーガト短調　ほか
・古典派 … ハイドン　弦楽四重奏曲「皇帝」ほか
　モーツァルト　ピアノソナタ「イ長調」ほか
・ロマン派 … シューベルト　リート「魔王」「野ばら」「ます」
　ショパン　エチュード「革命」「別れの曲」ほか

〈「赤とんぼ」のまとめ〉

作詞者	三木露風
作曲者	山田耕筰 ― 筰
調	変ホ長調
拍子	4分の3拍子

まちがえそうな漢字は大きく書く

第5章

探究ノート術

教科書にない学びを求めた「探究ノート」

最近、「探究ノート」というものが注目されているのを知っていますか？　「探究ノート」とは教科書にはない学びを追い求めた、自分オリジナルのノートのことです。

自分の好きなことや疑問に思ったこと、もっと知りたいことなどを自分で調べて自由な形式でまとめましょう。

「探究ノート」のキホン

- 自分の好きなことを題材に調べて書く
- 疑問に思ったことを書く
- もっと知りたいことを書く

教科書には
のってないことを
追い求めた
究極のノート術！

探究

①探究ノートの書き方

知りたいことなど「教科書にない学び」を究める

疑問に思ったことやくわしく知りたいことを書こう

探究には、いわゆる教科書はありません。自分の好きなことや疑問に思ったこと、もっと知りたいことを自分で調べるようにしましょう。

例えば、「あのマンガに出てくる人名や場所の由来」「これって英語でなんて言うんだろう」「教科書に載っていない歴史上の人物」といったことから、「勉強のやる気の出し方」「高校や大学など、将来の進路にはどんなものがあるか」まで、もっと知りたいことを本やインターネットなどを使って調べてまとめてみましょう。

知りたいこと（探究）の例

- あのマンガに出てくる人名や場所の由来
- 教科書に載っていない歴史上の人物
- 47 都道府県行ったことあるマップ
- 身近な化学物質
- ゲームのガチャはなぜ当たらないか？
- やる気の出し方や勉強のやり方
- 将来の進路や職業

Date

有名なマンガに出てくる場所を調べてみた

〈スラムダンクの聖地巡礼〉

- オープニングの踏切 … 江ノ電鎌倉高校前駅すぐ横（神奈川県）
  → 多くの観光客が記念写真を撮っています
- 陵南高校の体育館 … 鎌倉高校の体育館（神奈川県）
  → 通学路でもないのになぜ桜木花道はカバンをもってあの踏切に!?
- 湘北高校 … 武蔵野北高校（東京都）
  → 受験シーズンには、安西先生のあの名言
  「諦めたらそこで試合終了だよ。がんばれ、受験生！」
  という垂れ幕が掲げられる！
- 海南大附属高校 … 富沢中学校（宮城県）

これはきっと偶然（ぐうぜん）ではない！

〈スラムダンクの登場人物の名前の由来は九州?〉

- 流川と桜木 … 福岡県うきは市「流川の桜並木」／交差点
- 桜木花道 … 「花は桜木 男は岩鬼」（水島新司「ドカベン」）
- 三井寿 … 「三井の寿（みいのことぶき）」という日本酒
- 仙道彰 … 仙道古墳（福岡県筑前町）
- 桜木軍団 … 福岡市南区（高宮、大楠、野間）

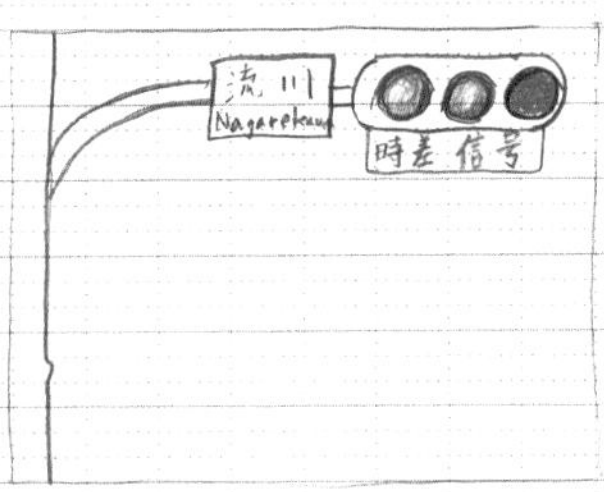

Wakabayashi

②国語の探究ノートの書き方

カタカナ語を漢字で表すと？

イギリスを漢字で表すと？

歴史で出てくる「日米修好通商条約」や「日英同盟」という言葉。「米」がアメリカ、「英」がイギリスを意味することはなんとなくわかります。では、アメリカやイギリスを漢字で表すとどうなるのでしょうか。

国名などのカタカナ語を漢字で表してみる

- アメリカ → 亜米利加（アメリカ）
- イギリス → 英吉利（イギリス）
- フランス → 仏蘭西（フランス）
- ドイツ → 独逸（ドイツ）　など

このようなカタカナ語を漢字で表すといろいろなことがわかります。

人気の競走馬の名前を漢字で表すと？

また最近は、『ウマ娘（むすめ）プリティーダービー』の影響（えいきょう）もあり、競走馬にくわしい中学生が増えています。競走馬の中には実際に中国（香港（ホンコン））に出走した馬もいて、そのときは漢字表記になります。こちらも調べた子がいるので、見てみましょう。

このように、漢字で表すとどのようになるのか調べてまとめてみるのも探究的な学びと言えます。

Date . .

〈カタカナ語(国名)を漢字で表してみると〉

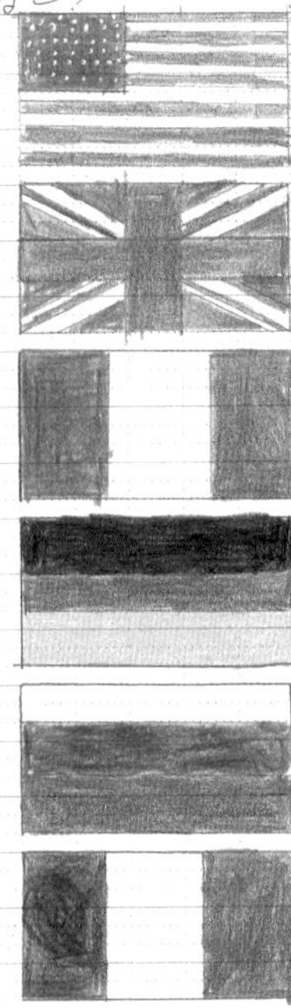

・アメリカ→亜米利加

・イギリス→英吉利

・フランス→仏蘭西

・ドイツ→独逸

・ロシア→露西亜

・イタリア→伊太利

〈競走馬を漢字で表してみると〉

- トウカイテイオー → 東海帝皇　　帝王ではない
- メジロマックイーン → 目白麦昆
- スペシャルウィーク → 特別週
- サイレンススズカ → 無聲鈴鹿　　サイレンス＝無聲(むせい)
- ゴールドシップ → 黄金船
  - 父：ステイゴールド → 黄金旅程　　ステイ＝旅程
- エルコンドルパサー → 神鷹　　コンドル＝鷹
- テイエムオペラオー → 好歌劇　　オペラ＝歌劇
- タイキシャトル → 大樹快車　　シャトル＝快車
- ハルウララ → 春麗　　麗＝うるわしい

名前の由来の補足

探究

③英語の探究ノートの書き方1

都道府県名を英語表記にしてみた

英語を楽しく勉強する方法のひとつ「身近なものを英語で表す」

都道府県名を英語にしてみたらどうなるのかと思い、ネットで調べてみたら、もうすでにやっている人がいました。

主な都道府県名の英語表記と意味

- 青森　→ Blue Forest　（青い森）
- 東京　→ East Capital　（東の都）
- 京都　→ Capital Capital　（都の都）
- 大阪　→ Big Slope　（大きい坂）

群馬、栃木、茨城、埼玉、神奈川などは、漢字がもつ意味を調べないと英語にするのが難しそうです。漢字の意味を調べ、それを英語で表すことで勉強になりますね。

外国人に、自分が住んでいる都道府県名の由来や意味を説明するときに役に立ちそうですし、都道府県名以外にも、漢字で書かれたものを英語で表記してみるとおもしろそうです。

なお、正式な英語名ではないのでご注意ください。

〈都道府県名を無理やり英語表記にしてみた〉

北海道 → North Sea Road
青森 → Blue Forest
岩手 → Rock Hand
秋田 → Autumn Rice Field
山形 → Mountain Shape
宮城 → Palace Castle
福島 → Good Luck Island
茨城 → Thorn Castle
群馬 → Crowd Horse
埼玉 → Cape Ball
千葉 → Thousand Leaf
東京 → East Capital
神奈川 → God Quince River
新潟 → New Lagoon
富山 → Rich Mountain
石川 → Stone River
福井 → Good Luck Well
山梨 → Mountain Pear
長野 → Long Field
岐阜 → Divergence Hill
静岡 → Silent Hill
愛知 → Love Wisdom

漢字のもつ意味をヒントにしよう

田 = 水田 = rice field
宮 = 宮殿 = palace
福 = 幸運 = good luck
茨 = thorn
群 = 群れ = crowd
埼 = 崎 = cape
奈 = カリン = quince
井 = 井戸 = well
阜 = 丘 = hill
知 = 知恵 = wisdom

奈＝「大きな実」という意味がある

都道府県名を無理やり英語で表してみると、漢字と英語の勉強になる！　外国人に県名の意味を紹介（しょうかい）するときに役立ちそう

探究

④英語の探究ノートの書き方2

人気マンガのタイトルやセリフで勉強する英語

「海賊王におれはなる！」を英語にすると

『ワンピース』などの人気マンガは、海外で英語版などが出版されています。ルフィの名セリフ、「海賊王におれはなる!」は英語だとどうなるかというと、I'm gonna be the king of the pirates! となります。

好きなマンガの英語版を読んで、タイトルやセリフなどで英語を勉強している子がいるのでその例を紹介します。

英語版に出てくる主な表現

- 鬼滅の刃 ＝ Demon（鬼）＋Slayer（討伐隊）
- call ＋ 物 ＋ 呼び方 ＝ 〜を…と呼ぶ
- Is there a 〜？＝ 〜はありますか。
- make ＋ A ＋ B ＝ A を B にする
- be gonna ＝ be going to（〜するつもり）
  （セリフでは省略形を使うことが多い）
- 駆逐する ＝ destroy（破壊する）
- 進撃の巨人 ＝ Attack（進撃、攻撃）on（へ）Titan（巨人）
  （巨人＝ giant を連想しますが、titan の方が強いイメージがある）

『進撃の巨人』ⓒ諫山 創／講談社

鬼殺隊（＝Demon Slayer）という意味の英語のタイトル

＜名作漫画の有名セリフを英語にすると＞

【鬼滅の刃（Demon Slayer)】

・鱗滝先生が日輪刀について説明するシーン
「鬼殺隊の持つ刀は特別な鋼で造られており
その名を"日輪刀"という」
The swords that the demon slayer corps use are made from a special steel.
Nichirin Sword.

人に戻す＝再び人にするという意味

・炭治郎が珠世さんにたずねるシーン
「鬼になってしまった人を人に戻す方法はありますか？」
Once people have become demons, is there a way to make them human again?

巨人＝giant ではなく、titan

【進撃の巨人（Attack on Titan）】

・エレン・イェーガーの口癖ともいえる名セリフ
「駆逐してやる!!」
I'm gonna destroy them!!

駆逐は難しい言葉なので、破壊する（destroy）と言いかえている

【ワンピース（One Piece）】

・ルフィの名セリフ（口癖）
「海賊王におれはなる！」
I'm gonna be the king of the pirates.
・will ＝その場で、なると決めた感じ
・be going to ＝ずっと前からなると決めている感じ

海賊（pirates）の王（king）なので、the king of the pirates

探究

⑤英語の探究ノートの書き方3

前置詞のイメージを図で表す

go to と go for のちがいは到達点か方向か

go to school と go for school では、実際に学校まで行ったか、ただ学校がある方向へ行ったかのちがいがあります。

「机の上に」は on the desk ですが、壁に絵がかけてある場合も on the wall と言います。これは on に上という意味よりも、接しているという意味があるからです。机であっても壁であっても、くっついていたら on を使います。逆に、宙に浮いている場合は、on ではなく above を使います。

こうした前置詞のちがい（ニュアンス）は言葉だけではイメージしにくいので、図にかいてまとめた子の例を紹介します。

ちがいがわかりにくい前置詞の例

- to と for のちがい
- in と into のちがい
- on と above のちがい
- with ＝～といっしょ、～をともなって
- at ＝～に、一点

ちがいがわかるように比べてまとめよう

to＝到達点　for＝方向
go to school＝学校へ行く
go for school＝学校の方へ行く

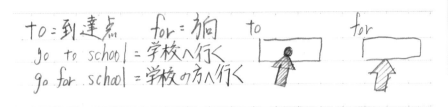

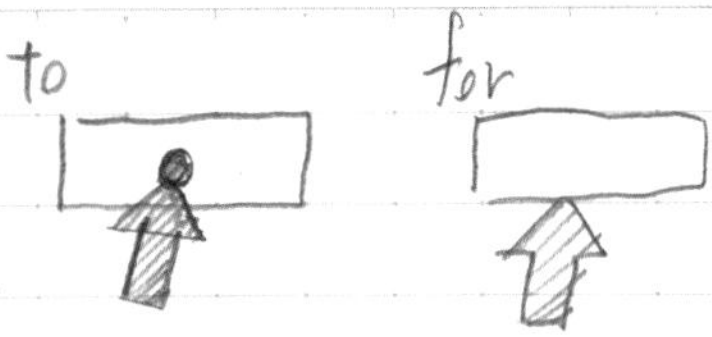

on＝接している　off＝離れている
turn on＝つける　turn off＝消す
on the wall＝壁に

in＝囲まれている　into＝中へ
in the box＝箱の中に
into the box＝箱の中へ

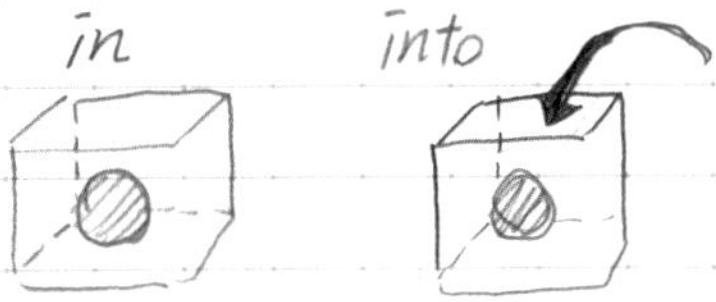

with＝いっしょに，ともなって
with me / with us＝私と／私たちと
with long hair＝長い髪をした

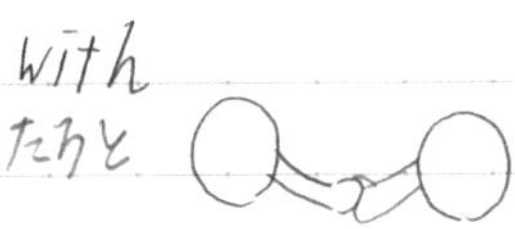

above＝（離れて）上の方に　over＝越えて
above the house＝家の上空
over the house＝家を越えて
on the house＝家の上に

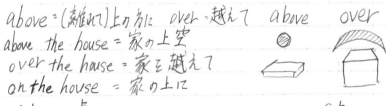

at＝一点
look at＝一点を見る＝〜を見る
look for＝方向を見る＝〜を探す

探究

⑥歴史の探究ノートの書き方1

徳川四天王について調べてみよう

歴史が得意な人は雑学的な知識が豊富

戦国武将のことを知って、歴史に興味を持ったという人が少なくないようです。歴史が得意な人は雑学的知識が豊富なので、歴史にくわしくなるには、教科書には載（の）っていないことを調べてまとめるようにしてみてはいかがでしょうか。

江戸幕府（えどばくふ）を開いた徳川家康には、徳川四天王と呼ばれる中心的な部下がいました。本多忠勝（ほんだただかつ）、酒井忠次（さかいただつぐ）、榊原康政（さかきばらやすまさ）、井伊直政（いいなおまさ）の4名です。この4人について調べた子がいて、そのノートがこちらです。

江戸幕府（えどばくふ）の支配体制には、親藩（しんぱん）、譜代大名（ふだいだいみょう）、外様大名（とざまだいみょう）があります。譜代大名（ふだいだいみょう）は、関ヶ原の戦い以前から家康に従っていた家臣のことです。安政の大獄（あんせいのたいごく）で暗殺された井伊直弼（いいなおすけ）は、井伊直政（いいなおまさ）の末裔（まつえい）ということや、家康がかつては松平元康（まつだいらもとやす）と名乗っていたことからも、井伊家（いいけ）や松平家（まつだいらけ）が譜代大名（ふだいだいみょう）というのも納得（なっとく）です。

歴史が得意な人は、こうした雑学的な知識が豊富なので、歴史が得意な人もそうでない人も、雑学的な知識を探究してみましょう。

教科書には
のっていない
ことを調べ
よう！

Date .

〈徳川四天皇は「ただただまさまさ」で覚えよう！〉

本多忠勝

本多平八郎忠勝。1560年の大高攻めを初陣として、数々の戦功をあげた猛将。「家康に過ぎたるものは二つあり、唐の頭に本多平八」と称されたほど。関ヶ原の戦いでは、山頂に陣取った毛利軍に戦う意思なしと見抜くなど、決して猪武者ではないところも見せている。名槍蜻蛉切の使い手。

酒井忠次

譜代大名としては最古の家臣の一人で、智謀と外交に優れ、多くの戦功をあげた戦上手の名将。桶狭間の戦いで今川氏を破った織田信長が同盟（和睦）を持ちかけたとき「猫（今川氏真）と結ぶのと虎（信長）と結ぶのと、どちらが得策か」と家康に迫ったという。

榊原康政

本田忠勝とともに常に先陣を務めた猛将で、「武勇では忠勝に劣るが、指揮官としては勝る」とされている。関ヶ原の戦いでは、秀忠とともに中山道を進むが、途中、悪天候や真田昌幸の抵抗にあい、主戦場に間に合わなかった。これに激怒した家康をなだめるなど、家康に意見できる数少ない家臣だった。

井伊直政

四天皇の中では最も若く、「容顔美麗にして、心優にやさしければ、家康卿親しく寵愛し給い」と記録がある美男子として知られている。政治手腕にも優れていたが、「人切り兵部」と呼ばれるほど気性が激しく部下には厳しかった。武田軍の山県昌景にあやかり兜や鎧を赤で統一した「赤備え」でも有名。

探究

⑦歴史の探究ノートの書き方2

『キングダム』で学ぶ中国の歴史

『キングダム』は史実を元にした歴史マンガ

『キングダム』（原泰久著、集英社刊）は映画で実写化もされた人気作ですね。嬴政というのちの秦の始皇帝がモデルとなった歴史マンガで、オリジナルのストーリーもありますが、実際の中国の歴史に基づいてかかれています。

日本ではまだ卑弥呼も生まれていない時代のお話ですが、中国の歴史がわかるマンガのひとつです。『キングダム』が好きで調べた子がいて、そのノートがこちらです。

『キングダム』の世界

時代　紀元前 240 年ごろ

場所　中国

内容　春秋・戦国時代の戦国の七雄（秦、斉、楚、燕、韓、魏、趙）が中華統一を目指し、覇権を争う

見どころ　替え玉となって死んだ信の幼馴染（漂）に代わる政と信の友情のストーリー。始皇帝（政）はもちろん、蒙恬や李斯など世界史の教科書にも載っている人物が登場する

キングダムの世界

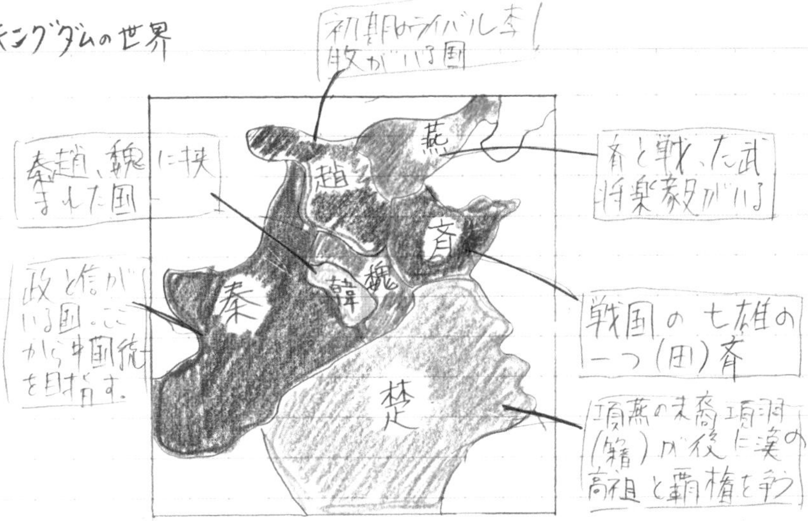
初期のライバル李牧がいる国
秦、趙、魏に挟まれた国
斉と戦った武将楽毅がいる
政と信がいる国。ここから中国統一を目指す。
戦国の七雄の一つ(田)斉
項燕の末裔項羽(籍)が後に漢の高祖と覇権を争う
燕
趙
斉
秦
韓
魏
楚

(嬴政(えいせい) =秦の始皇帝がモデル)
秦国の若き国王。長きにわたる戦国の世を終わらせ、世界から争いを無くすために、中華を統一することを夢見ている

(信(しん) =李信がモデル)
飛信隊の隊長。戦争で身寄りをなくした孤児ながら、親友・漂(ひょう)の王宮行きをきっかけに秦王・政と出会い、天下の大将軍になることを誓う

(王騎(おうき)=王齮がモデル)
中国戦国時代末期の秦の将軍。秦王政が即位すると、蒙驁・麃公らと共に将軍に任じられるが紀元前244年蒙驁が韓を攻め13城を取るも、同年に死没。

※キングダム公式ホームページ、wikipediaより

地図や似顔絵入りで楽しくまとめられているのがよいね!

探究

⑧地理の探究ノートの書き方

行ったことのある県の観光名所、名産、グルメをまとめる

旅行先のご当地ものをまとめてみよう

家族旅行やご当地フェアで、地方の名産にふれることが多いと思います。今まで体験したもの（名産品）はもちろん、まだ行ったことがない地域や行ってみたい地域のご当地ものや観光名所、歴史などを探究ノートにまとめてみましょう。

静岡県のまとめの例

- 名産品　みかん、お茶（牧之原）
- 観光名所　富士山、掛川城、熱海（温泉）
- グルメ　浜松ぎょうざ、富士宮やきそば
- 歴史　伊豆、駿河、遠江（＝浜名湖）

白地図などを使って、今まで行ったことがある都道府県マップを作ってみるのもおもしろいですね。

ちなみにここで紹介するノートは、47都道府県中、私が行ったことがある（33都道府県）マップです。

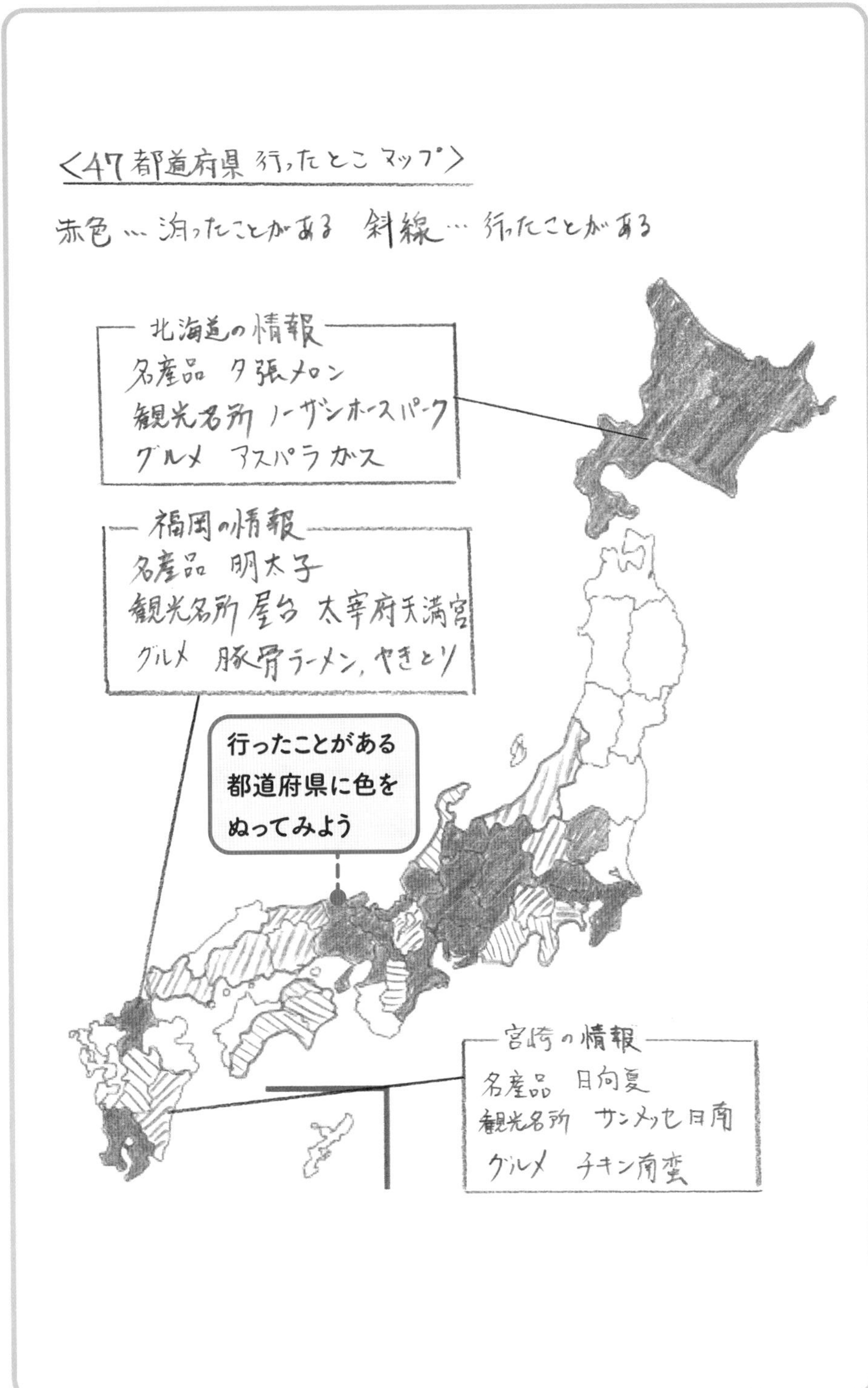
<47都道府県 行ったとこマップ>
赤色…泊ったことがある 斜線…行ったことがある
北海道の情報
名産品 夕張メロン
観光名所 ノーザンホースパーク
グルメ アスパラガス
福岡の情報
名産品 明太子
観光名所 屋台 太宰府天満宮
グルメ 豚骨ラーメン，やきとり
行ったことがある都道府県に色をぬってみよう
宮崎の情報
名産品 日向夏
観光名所 サンメッセ日南
グルメ チキン南蛮

探究

⑨公民の探究ノートの書き方

株式投資で注目の銘柄を調べてみよう

株式投資について調べながらお金のことや社会のことについて学ぼう

今は高校の家庭科の授業で、株式投資など金融について学びます。金融とは、お金のやり取りのことで、クレジットカード、住宅ローンや教育ローン、投資や融資などがあてはまります。

経済界の有名な人の中には、「自分で投資をして増やしてみなさい」と親からまとまったお金を渡されて、お金の勉強をしたという人もいます。

株式投資で利益を出すポイント

キャピタルゲイン
売買によって得る利益

インカムゲイン
売買せずに得る利益
（配当や利子等）

その他の利益
株主優待（品）などで
得る利益

未成年（18歳未満）でも親の許可があれば、口座をつくって株式投資を行うことが可能です。興味のある人は株式投資について調べて、注目の銘柄がないかまとめるのもよいでしょう。

お金の勉強のひとつとして、株式投資について調べた例

株式投資は、証券会社に証券口座を開き、そこを通して株を売買することができる。スマホで株価をチェックしたり、売買注文を出したりすることができる。

＜株式投資で知っておきたい用語とポイント＞
・会社名…上場している企業の名前
・証券コード…2702（マクドナルドHD）などの上場企業の番号
・業種…飲食業などの主な業務の内容
・売り上げ…1年間でのその会社の総収入
・経常利益…総収入から経費などをひいた額
・純利益…税金などの支払いを終えた後の最終的にもうけた額
・EPS…1株当たりの利益（純利益÷発行済み株式数）
・配当金…1株につきもらえるお金
・配当利率…配当金を株価で割った値（2〜3%くらいが目安）
・株主優待…特定の日に株式を保有していると受けられるサービス

＜株主優待がおすすめの銘柄（2023年2月現在）＞
☆近鉄グループホールディングス（9041）
・100株保有で、無料の片道乗車券4枚ずつ、年2回もらえる

☆日本マクドナルドホールディングス（2702）
・100株保有で、バーガー類、サイドメニュー、ドリンクの商品の引換券（6枚つづり）が年2回もらえる

株主優待制度という日本独自の制度がある。割引券など優待品がもらえる

探究

⑩理科の探究ノートの書き方1

身近な化学物質を知ろう

身近な化学物質を調べてみた！

理科ではマグネシウムやスチールウールの燃焼（ねんしょう）や塩酸に金属を入れて水素を発生させる実験をします。

しかし、身近な化学物質はこれだけではありません。どんなものがあるか調べてみましょう。

身近な化学物質の例

チタン	ゴルフクラブ、人工関節、光触媒（ひかりしょくばい）など
マグネシウム	滑り止め（すべりどめ）、便秘薬など
カリウム	化学肥料、食品添加物（しょくひんてんかぶつ）、火薬、青酸カリなど
アルミニウム	一円玉、アルミ缶（かん）など

まとめるときは、どんな特徴（とくちょう）があるのかくわしく書くのがポイントです。また、どんなものに使われているのか身近なものを例に挙げて、具体的に書くようにしましょう。

Date .

〈身近な化学物質〉

【チタン】

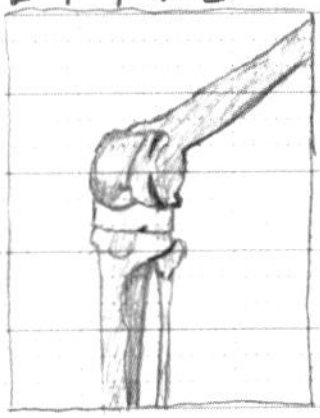

酸化チタンとして地殻に多く存在しているが、精錬が難しいために高価となっている。強度が非常に強く、耐熱性、耐食性に優れていて、航空宇宙産業や身近な素材としての利用がさかん。光を吸収してよごれを分解する「光触媒」の効果もある。

【マグネシウム】

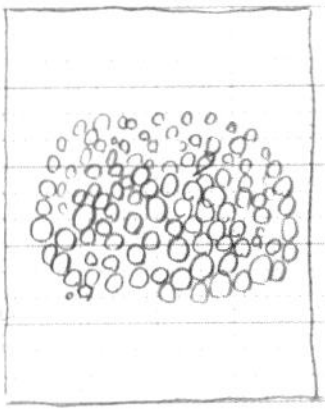

理科の燃焼の実験でも使用されるが、主な用途は合金である。硬くて軽いため、スマホなどの筐体に使われる。また、生物には必須の元素であり、植物が光合成を行うクロロフィルに含まれるほか、炭酸マグネシウムは滑り止めといった日用品や便秘薬などの医療品など、用途は多岐にわたる。

【カリウム】

ナイフで切れるほどやわらかい金属。塩化カリウムなど化合物は、窒素やリンと同じく植物に必要な栄養素であるため肥料に使われている。また、神経伝達に関わる物質として人体でも大切な役割を果たしている。リチウムと似た性質があるため、未来のバッテリー素材としても研究が進んでいる。

【アルミニウム】

軽くて加工がしやすく、熱伝導性や電気伝導性が高いため、一円玉やアルミニウム缶など身近で使われているものに使用されている。酸化アルミニウムとして産出されることがほとんどで、現在は電気分解を使って精錬しているが、その際、大量の電力を必要とするため、リサイクルの需要が高まっている。

探究

⑪理科の探究ノートの書き方2

なぜ三毛猫はメスしか生まれないか？

三毛猫の99.9％以上はメス！

三毛猫とは、毛色が白、茶、黒の三色の猫のことですが、実はほとんど（99.9％以上）がメスだということを知っていましたか。

染色体の中には、性別を決める性染色体というものがあります。この組み合わせがXXだとメスで、XYだとオスになります。

三毛猫がメスしか生まれない理由

- **X** 毛色を変えない遺伝子をもつ
- **Xa** 毛色を黒色から茶色に変える遺伝子をもつ
- **Y** 毛色と関係ない

X染色体の中には、毛色を黒色から茶色に変える遺伝子をもつものがあります。このためXXaという組み合わせになると、毛色が白、茶、黒の猫、つまり三毛猫になる可能性があります。

しかし、性染色体がXYの組み合わせになるオスでは、特殊なケースを除いて、三毛猫になることはありません。

Date . .

<なぜ三毛猫はメスしか生まれないか?>

▼遺伝の法則(性染色体の組み合わせ)
・メス…XX
・オス…XY
▼遺伝の法則(色)
・X…毛色を変えない遺伝子をもつ
・Xa…毛色を黒色から茶色に変える遺伝子をもつ
・Y…毛色と関係ない

・毛色に茶色と黒色が混じるのは、性染色体がXとXaの組み合わせになる可能性があるメスだけ!
・オスは性染色体の組み合わせがXYとなるため、XとXaが組み合わさることはない。(特別なケースを除く!)

探究

⑫数学の探究ノートの書き方

ゲームのガチャはなぜ当たらないか？

0.4％（＝1/250）であたるガチャを250回ひいて当たる確率は？

みなさんはスマホなどのゲームアプリで、ガチャ（一定の確率でアイテムが手に入るシステム）をひいたことはありますか。

あるゲームで、0.4％の確率でUR（ウルトラレア）キャラが当たるガチャがあります。そのガチャで「250回ひいたのに一回も当たらなかった」と文句を言っている人がいました。これってひょっとしてインチキされているのでしょうか。

実際に、調べてみた子のノートがあります。問いを立てて、実際に調べてみる、探究学習の見本のようなノートです。

探究的な学びの手順

①問い（仮説）を立てる

⇩

②問いを調べる手だてを考え、実行する

⇩

③結果をまとめる

⇩

④結果に対して考察をする（考えを深めたり広げたりする）

身近な現象で問いを立てて、調べてみるのはいかがでしょうか。

身近な確率
ゲームのガチャはなぜ当たらないか？

Date . .

問い
0.4%（=1/250）の確率で当たるガチャは250回ひけば当たるのか？

計算
▼250回ひいてすべてはずれる確率
・1回目はずれる確率 $= \frac{249}{250}$
・2回目もはずれる確率 $= \frac{249}{250} \times \frac{249}{250}$
・3回目もはずれる確率 $= \frac{249}{250} \times \frac{249}{250} \times \frac{249}{250}$
↓
・250回目もはずれる確率 $= \left(\frac{249}{250}\right)^{250} = 0.3671\cdots =$ 約36.7%

▼250回ひいて一回以上当たる確率
1 − 250回ひいてすべてはずれる確率
= 1 − 0.3671
= 0.6328……
= 約63.3%

結果
① 250回ひいても一回も当たらない確率は約36.7%
② 250回ひいて一回以上当たる確率は約63.3%

考察
250回ひいても必ず当たるわけではなく、逆に約63.3%の人しか当たらないのは意外だった。何回ひいたら約100%になるのかも調べてみたい！

どうやって求めたか考え方も書こう

途中の計算式も書いておく

結果だけでなく、考察も書こう

Nakabayashi

探究

⑬思考の探究ノートの書き方

頭がきたえられるテーブルゲーム

勉強になるテーブルゲームを集めてみた

最近、テーブルゲーム（ボードゲームやカードゲーム）が注目されています。定番のトランプやオセロのほかにも、実にバラエティーに富んだものがたくさんあります。

学校で推奨されているものも少なくないようなので、頭がきたえられる、勉強になるテーブルゲームをまとめてみる（レビューする）のもよいでしょう。

レビュー（評論）をするときのポイント

- 特徴をわかりやすく
- ルールの簡単な説明
- どれくらいの人数で楽しめるか
- かかる時間はどれくらいか
- ポイント

ただゲームをやるだけでなく、必勝法や攻略法などを考えてみると、思考力がきたえられるかもしれませんね。

ゲームの必勝法を考えて、思考力をきたえよう！

最近注目のテーブルゲームについて紹介する

Date

〈頭が鍛えられるおすすめテーブルゲーム〉

▼カタカナーシ

（ルール）手札に書かれたカタカナ語をカタカナをいっさい使わず説明するゲーム

（人数）3～8人程度（時間）1分～

（ポイント）語彙力が鍛えられる

▼原子モデルカードゲーム

（ルール）手札の元素記号を組み合わせて化学式を作り得点を競い合う

（人数）2～6人（時間）数分～

（カードの種類）水素、炭素、窒素、酸素、銅、塩素、ナトリウム、銀、鉄、硫黄

（ポイント）予備のカードでカルシウムなど元素を増やしてオリジナルの得点表をつくるとより楽しめる。

▼立体四目

（ルール）たて、横、上方、斜め、いずれかに同じ色の球を4個そろえる。

（人数）2人（時間）10～15分程度

（ポイント）たて、横だけでなく、上方や斜めもあるので注意深く見てないと見逃すこともある。視野を広くする練習にもなる。

紹介だけでなく、攻略法や遊び方のくふうもあるとよい

探究

⑭スポーツの探究ノートの書き方

プロスポーツ選手のトレーニング法

大谷翔平選手の二刀流成功の秘密にせまる！

投手と打者の二刀流で有名な大谷翔平選手の成功の秘訣に、マンダラートと呼ばれる目標の設定の仕方があります。実はこれ以外にも成功の秘訣があり、ホームランが出やすい角度の球を打てるようにする打撃フォームの研究があります。

ホームランが出やすい「バレルゾーン」とは？

バレルゾーン

＝もっとも長打になりやすい打球の速度と角度の組み合わせ

- **速度 161km/h × 20°　→　ホームランの確率 3%**
- **速度 161km/h × 27°　→　ホームランの確率 52%**

大谷選手がバレルゾーンの打球を打つ割合は 13.8% で、メジャーリーグトップを記録しています（NHK クローズアップ現代 2021 年 6 月 15 日放送「大谷翔平　驚異の進化の舞台裏」より）。

スポーツが好きな人は、このように好きなスポーツ選手の練習法や強さの理由を調べてみるとおもしろいでしょう。

打撃（だげき）フォームの研究

No.
Date

〈ホームランが出やすい「バレルゾーン」とは？〉

▽バレルゾーンとは？
→最も長打になりやすい打球の速度と角度の組み合わせ。

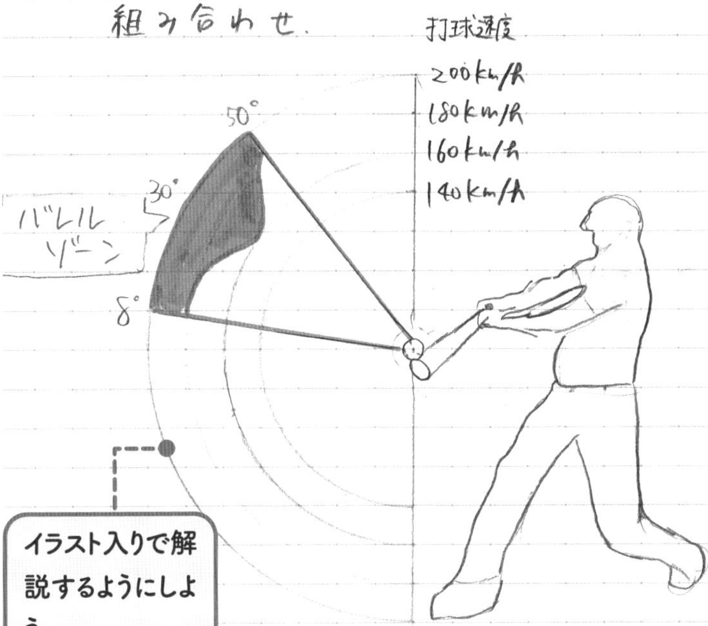

イラスト入りで解説するようにしよう

例えば、速度161km/時×角度20°の打球では3%の確率でしかホームランにならないが、同じ速度でも角度が27°になるとバレルゾーンに入り、ホームランの確率は約52%に跳ね上がる。

大谷翔平選手は、バレルゾーンの打球を打てるように計測器をつけて打撃練習をして、フォームの修正や改造を行っている。

探究

⑮料理の探究ノートの書き方

ラーメンはなぜおいしいのか？（調味科学）

ラーメンのおいしさは科学的にも証明されている！

ラーメンが好きな人は多いと思いますが、なぜ、ラーメンはおいしいのでしょうか。実は、調味科学と呼ばれる分野では「うまさ」を科学的に分析（ぶんせき）していて、ラーメンがなぜおいしいのかは科学的に示すことができます。

うまみの三大成分

アミノ酸	肉（タンパク質）が分解されてできる動物性のうまみ
グルタミン酸	昆布（こんぶ）や野菜、しょうゆやみそなどの植物性のうまみ
イノシン酸	魚などからとれるうまみ

ラーメンには、豚骨（とんこつ）スープやチャーシュー、卵など（アミノ酸）、昆布（こんぶ）や根菜類からとったスープ（グルタミン酸）、しょうゆやみそ（グルタミン酸）、カツオや煮干（にぼ）しなどからとったダシ（イノシン酸）など、うまみの三大成分がバランスよく含（ふく）まれています。

好きな料理のうまみを科学的に分析（ぶんせき）してまとめてみるのもよいでしょう。

<「調味科学」でラーメンのおいしさを科学的に分析>

うまみの成分を分析してまとめる

<人気のラーメンの味ランキング>
1位…しょうゆ味
2位…とんこつ味
3位…みそ味

人気のラーメンの味も分析してみよう

⑯勉強の探究ノートの書き方

やる気の出し方や勉強のやり方を調べる

やる気スイッチ！実はなかった！

みなさんは、勉強する気が起きないということはありませんか。そんなとき、やる気が出るまでまっていてもやる気は出ません。実は、こうすればやる気が出るという「やる気スイッチ」のようなものは「ない」からです。

では、どうすればよいかというと、自分でやる気を出すしかありません。やる気を出す簡単な方法は、まずやってみることです。

やる気の出し方

1. スモールステップの原則で、できることからやってみる
2. 好きなものからやってみる
3. 時間や量を決めてやってみる

やる気の出し方のポイントは、とにかくやってみることです。そのときのポイントは、できることからやってみるスモールステップの原則です。

また、「テスト効果」と呼ばれるものを使った勉強法もあります。勉強のやり方がわからない人は、勉強のやり方も調べてみましょう。

〈やる気の出し方〉

・やる気が先で、行動が後ではない！

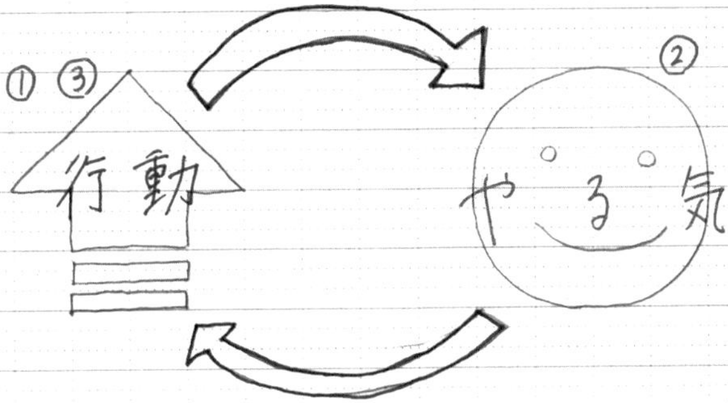

①まず、簡単な問題や好きな教科からやってみる
②やっているうちに次第に「やる気」がわいてくる
③そのまま勉強を続けることができる

〈勉強のやり方〉

・何回もノートに書くよりも、声に出して（答えを）言ってみる
・インプットよりもアウトプット（＝テスト）をするとよい
・わからなかった問題やできなかった問題を重点的に復習する

▼テスト効果を使った勉強法

①答えを用意して、問題を読んで答えを言ってみる
②わからない場合は答えを見る（ただし、書きこまない）
③答えを見ずに答えられるようになるまで、くり返しやる

↓

最後に、書き込み式でやってテストをする
まちがえた問題はくり返しとき直しをする

探究

⑰進路の探究ノートの書き方

将来の進路や職業について調べる

中学・高校を卒業したらどんな進路があるのか？

中学生のうちは、進路や職業について考える機会があまりないかもしれません。しかし、中学3年生になれば高校受験をひかえているため、進路について考えることが増えるでしょう。

ここでは、進路についてもう少しくわしく知るために、高校とはどんなところか、高校を卒業したあとにどんな進路があるのか調べた子のノートを見てみましょう。

高校生の卒業後の進路

・大学・短大…55.8％

・専門学校等…21.8％

・就職…………17.4％

（令和２年度　文部科学省「学校基本調査」より）

その他、平均給与や業種などについて調べてみましょう。

資料を調べた場合は、どんな資料なのか（出典）を書いておくようにしましょう。

〈高校ってどんなところ？卒業したらどんな進路があるの？〉
・高校には、普通科、専門学科（商業、工業など）、総合学科がある
・生徒の内訳は、普通科73.1%、専門学科21.4%、総合学科5.5%
・卒業後の進路は、大学・短大55.8%、専門学校等21.8%、就職17.4%

☆高校の学科別生徒数
・普通科…73.1%
・専門学科…21.4%
・総合学科…5.5%

☆高校生の卒業後の進路
・大学・短大…55.8%
・専門学校等…21.8%
・就職……17.4%

（令和2年度 文部科学省「学校基本調査」より作成）

〈平均給与（年間）はどれくらいなのか〉
・民間の平均給与は433万円（男性532万円、女性293万円）
・業種別では電気・ガス・水道が715万円と一番高い
・銀行・金融や情報通信なども高い
・宿泊、飲食は251万円と一番低い
・業種によってこんなにちがいがあると知らなかった

業種別の平均給与

業種	万円	業種	万円
電気、ガス、水道	715	鉄道、運送、航空	444
銀行、金融、保険	611	不動産	423
情報通信	599	医療、福祉	397
建設業	509	卸売、小売	372
学術、専門、教育	503	サービス（美容など）	352
製造業	501	農業、林業、漁業	300
郵便局、協同組合	452	宿泊、飲食	251

2020年度（令和2年度）民間給与実態統計調査（国税庁）

資料の出典を書いておく

表にまとめるとわかりやすい

第6章

成績アップ術

ノート術で約80%の人が学力アップ！

最後の章ではノート術をただのノートの書き方に終わらせないように、成績アップにつなげるキホンを紹介(しょうかい)していきます。

ノート術を成績アップにつなげるために

- 中学校の成績のつけ方を知ろう！
- ノート術で最高順位を更新できる
- ノート術を身につけた子の約80%が学力アップ
- 1週間の予定の立て方
- テスト勉強の予定の立て方
- ノートを使って小テストをやってみる方法

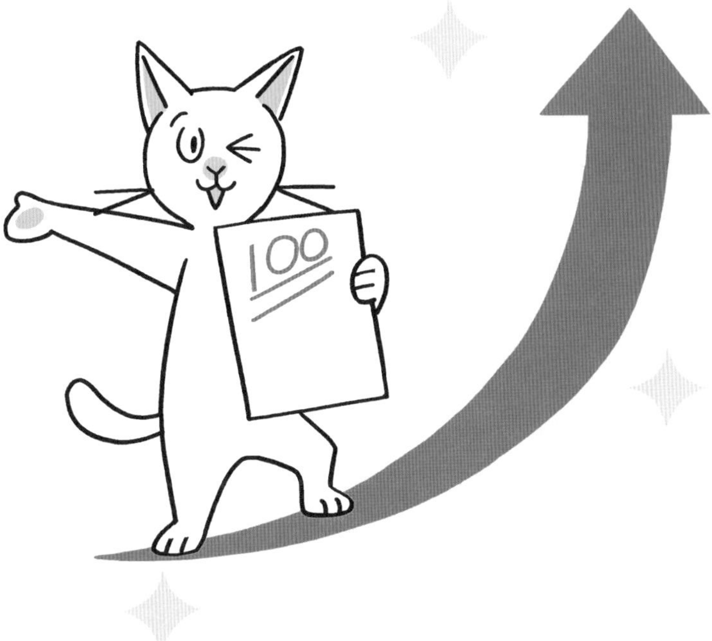
100

成績アップ

①ノート術で内申点を上げる1

定期テストだけでなくノートも成績に入る！

通知表の評定のつけ方を知ろう

通知表の「1」～「5」の評定は、「知識・技能」「思考・判断・表現」「主体的に学習に取り組む態度（主体性）」という3つの観点の評価の組み合わせで決まっています。

手元にテストがある人は、合計点の横に知技、思判表、主と書かれた欄がないか見てみましょう。これは、知技＝「知識・技能」、思判表＝「思考・判断・表現」、主＝「主体的に学習に取り組む態度」の観点を表しています。

3つの観点で評価される

知識・技能

計算問題や漢字・語句の問題など基礎的な問題

思考・判断・表現

文章題や記述式の問題など応用的な問題

主体的に学習に取り組む態度

主体的に学習に取り組んでいるか

「知識・技能」は、単語、漢字、計算問題、重要語句などを答える基礎的・基本的な問題で評価されます。

「思考・判断・表現」は、いわば応用問題と呼ばれる問題で評価されます。数学の文章題、資料を読み取る問題や記述式の問題、英作文などがあてはまります。

「主体的に学習に取り組む態度」は、学校の先生も評価するのが難しいようですが、学んだことと関連する内容にどれだけ主体的に取り組んだかが評価されます。

また、これらの観点は定期テストだけで評価されるわけではなく、授業での活動内容やリフレクションと呼ばれるふり返りシートに書いた内容なども評価の対象となります。

定期テスト以外で評価される内容

授業での活動や発表	小テストやパフォーマンステスト
リフレクションシート	問題集やノート、ワークシート

ノート点として評価される学校もあるので、この本でノート術を身につけて高得点をねらいましょう。

成績アップ ②ノート術で内申点（ないしんてん）を上げる2

○→◎、無印→○へ上げる対策をしよう

観点別評価の組み合わせで「1」～「5」が決まる！

手元に通知表がある人は、評定の横に◎、○、無印（A、B、Cなど）の記号がないか見てみましょう。

通知表の例

生徒氏名　○○ ○○　　　　令和○年度

各教科の学習の記録

	学習のおもな観点	1学期		2学期		3学期	
国語	日常生活に必要な国語の知識や技能を身に付け，我が国の言語文化に親しんだり理解している。	○	3				
	筋道立てて考え，豊かに感じたり想像したりし，伝え合う力を高め，思いや考え方をまとめている。	○					
	言葉がもつよさに気付くとともに，幅広く読書をし，国語の大切さを自覚して，思いや考えを伝え合おうとする。	○					
社会	身近な地域の様子について，人々の生活との関連を理解するとともに，調査活動や資料等で調べ，まとめる。	◎	4				
	地域の出来事について，特色や関連・意味を考え，社会への関わり方を選択・判断し，適切に表現する。	○					
	主体的に問題解決しようとしたり，学習したことを生活に生かしたりするとともに，地域に誇りや愛情をもつ。	◎					

上から順に、知識・技能、思考・判断・表現、主体性の観点

観点別評価の組み合わせで評定が決まる

上から順に、「知識・技能」「思考・判断・表現」「主体的に学習に取り組む態度」の観点の評価となっています。この組み合わせが○○○の場合は「3」、◎○◎の場合は「4」といった具合に、通知表の評定が決まります。

通知表の評定の組み合わせ例

「5」……◎◎◎など
「4」……◎◎○、◎○◎、○◎◎など
「3」……◎○○、○◎○、○○◎、○○○、○○無、
○無○など

組み合わせなので、◎や○がついている場所によって評定が変わるということはありません。ただし、評定を上げるためにはそれぞれの観点で○→◎、無印→○にする対策が必要です。

◎○○の場合は、一番下の観点（主体的に学習に取り組む態度）を上げることで、◎○◎となり「4」の評定になる可能性があります。理科や社会なら時事問題、英語なら好きなものや興味のあることが英語でどう表されるかなど、調べ学習が評定を上げるポイントになります。

○○○の場合は、まずは一番上の観点（知識・技能）を上げるために、定期テストや小テストなど、基礎的・基本的な問題でよい点数をとれるようにしましょう。

その上で、真ん中の観点（思考・判断・表現）や一番下の観点を上げるようにしましょう。真ん中の観点は、調べて発表したり、ほかの人が発表したことから学んだことをワークシートにまとめたりする（＝表現）ことも、評価の対象になります。

この本のノート術を活かし、まとめ方や発表の仕方を工夫するようにしましょう。

成績アップ

③ノート術で学年順位がアップ

ノート術で学年順位1位を達成した子も

ノート術を身につけた生徒たちは成績をどんどん伸ばしている！

この本では、塾生の実際のノートを紹介してきました。その塾生たちはどのような成績をとっているのでしょうか。少しだけ例を紹介しましょう。

塾生の“学年順位アップ”の例

イニシャル	ノート術を学ぶ前	→	ノート術を学んだ後の最高順位
●Aさん	87位（9科）	→	38位（3科）
●Bさん	108位（5科）	→	8位（3科）
●Cさん	10位（5科）	→	1位（9科）
●Dさん	207位（5科）	→	173位（3科）
●Eさん	14位（9科）	→	3位（5科）
●Fさん	197位（9科）	→	137位（3科）
●Gさん	17位（9科）	→	5位（5科）

成績の比較の仕方はいろいろありますが、ノート術を学ぶ前の学校の学年順位と、入塾してノート術を学んだ後の最高順位で比べてみました。ここに挙げた人の中から、何人かエピソードを紹介しましょう。

［Bさんのケース］

Bさんは1年生の最初のテストは 108 位でした。本人が言うには、小学校と中学校ではテストのやり方がちがうので、最初のころはとまどったそうです。しかし、ノート術を身につけて、まちがえた問題を中心に復習したりテストに出そうなことをまとめたりすることで、次第に勉強の仕方がわかるようになったそうです。こうしてみるみる順位を上げて、冬の実力テストでなんと学年8位という成績をとりました。

［Cさんのケース］

Cさんは最初の定期テストで 10 位でした。なんとしても学年1位をとりたいCさんは、ノート術を身につけるうちにどんどん学年順位を上げていき、ついに1位をとることができました。この本の中でCさんのノートの例をいくつか紹介していますが、ノート術を身につけると学年1位も達成可能だということを示してくれました。

［Dさんのケース］

Dさんは1学年が 240 人くらいの中学校で、学年順位は 207 位とあまりよくありません。そもそも勉強があまり好きではなくマイペースなDさんは、学校の課題をこなすことで精一杯でした。しかし、探究ノートで自分の好きなことや興味のあることを中心に勉強するうちに、次第に学校の勉強にも前向きになれるようになりました。そして、3年生の実力テストでは、過去最高の 173 位をとることができました。

成績アップ

④ノート術で学力もアップ

ノート術を身につけた子の78.4%が学力アップ！

ノート術を身につけた子の約2人に1人が偏差値10以上アップ！

176ページでは、塾生の成績がどれだけ上がったか、個別に取り上げて紹介しました。ここでは塾生全体で、どれくらい学力が上がったかをまとめてみました。

塾全体でも学力がアップ！

偏差値が5以上upした人の割合
＼実力アップ／
78.4%

偏差値が10以上upした人の割合
＼約2人に1人／
45.9%

塾生が通う学校はまちまちで、また、同じ学校でもテストによって難易度がことなるので、テストの点数だけでは成績が上がったとか下がったと比べることができません。

そこで塾生みんなに受けてもらっている模擬試験の主要教科（3教科あるいは5教科）の偏差値の変化を調べてみました。

求め方は、入塾後に最初に受けてもらった模試の偏差値を、その後の最高偏差値から引いて計算しました。その結果、偏差値が5以上アップした子が 78.4%で、偏差値が 10 以上アップした子は 45.9%でした。

ここで、偏差値というあまり見慣れない指標が出てきたので、少し説明したいと思います。偏差値とは、50 が真ん中になるように調整した統計的な代表値のことで、偏差値 40 ～ 60（50 ± 10）の間に全体の約 68%の人が収まる計算になります。

例えば、テストを受けた人が 100 人いたとして、おおよそ偏差値 60 の人は上から 16 番め、偏差値 50 の人は 50 番め、偏差値が 40 の人は 84 番めとなります。

偏差値が5以上アップしていれば、客観的にも学力が上がったと言えるでしょう。その割合が約8割となっています。さらに、偏差値が 10 以上アップした割合は、約5割となっています。ある1つの教科だけでなく、国数英の3教科、あるいは理社を含めた5教科の偏差値で、約2人に1人が 10 以上アップしているのですから、この本で紹介しているノート術は学力アップにつながると胸を張っておすすめできます。

ただし、どんな勉強法も続けなければ意味がありません。少しずつでもよいので、この本で紹介してきたノート術を成績や学力アップにつながるまで続けるようにしましょう。

成績アップ ⑤ノート術で1週間の予定を立てる

ふだんの勉強の計画を立てる

ふだんは「何曜日の何時は何をやる」という固定の予定でよい

ここではノート術の中でも、1週間の予定の立て方を紹介（しょうかい）します。とはいえ、ほとんどの人はふだんは学校や部活、塾（じゅく）や習いごとなどがあり、自由に使える時間は限られているでしょう。このため、1週間を基本として月ごとに予定を立てるようにします。

ふだんの予定は「何曜日の何時は何をやる」と、固定するのが理想です。これをルーチンワークと言います。学校によっては何曜日にどの教科の宿題が出るのか決まっているケースがほとんどなので、こうすれば予定が立てやすいだけでなく、予定通り進めることが楽になります。塾（じゅく）に通っている人は、塾（じゅく）の宿題をやる時間もつくっておき、学校の宿題ができない曜日は、前もってやる時間をつくっておくとよいでしょう。

余裕（よゆう）をもった予定にする

その他のポイントとしては、無理せず余裕（よゆう）をもって予定を立てることが大切です。部活もやって学校から帰ってきたら疲（つか）れている可能性が高いので、自由時間にしておきましょう。また、夕食など時間がずれそうな予定も、前後に自由時間をつくって調整できるようにします。

ふだんの予定の立て方のポイント

- 曜日、時間でやることを固定する
- 予定がずれても調整できる時間をつくっておく
- 予定は一週間単位で立てておくとよい

部活がないので、ふだんできない自主勉

帰宅後は自由時間として調整

5月の予定

	月	火	水	木	金	土	日
16:00〜	帰宅	部活	部活	部活	部活	部活	自由
16:30〜	自主勉						
17:00〜							
17:30〜	↓	↓	↓	↓	↓	↓	
18:00〜	自由	帰宅	帰宅	帰宅	帰宅	帰宅	
18:30〜		自由	自由	自由	自由	自由	↓
19:00〜	↓	塾	↓	↓	塾	↓	
19:30〜	<夕食>		<夕食>	<夕食>		<夕食>	<夕食>
20:00〜	自由		自由	自由		自由	自由
20:30〜	月曜の宿題		水曜の宿題	木曜の宿題		金曜の宿題	週末の宿題
21:00〜	↓		↓	↓		↓	↓
21:30〜	火曜の宿題	↓	自主勉	塾の宿題	↓	自由	塾の宿題
22:00〜	↓	<夕食>	↓	↓	<夕食>		↓
22:30〜	自由	自由	自由	自由	自由		自由
23:00〜	寝る準備	寝る準備	寝る準備	寝る準備	↓	↓	寝る準備
23:30〜					寝る準備	寝る準備	

翌日は塾があるので宿題を先にやっておく

平日は早めに寝る準備をする

成績アップ ⑥ノート術でテスト勉強の予定を立てる

テスト勉強の計画は「やることリスト」をつくる

勉強する「時間」ではなく、何をやるか「内容」を決める

多くの学校では、テスト週間になると「テスト計画表」を書くように言われます。しかし、この計画表通り進められる人は、実はほとんどいません。これは計画の立て方に問題があるからです。

テスト勉強の計画は、何時から何時までどの教科を勉強するかという「時間」で決めてはいけません。どの教科の何（ワークなのかプリントなのか）をやるか「内容」で決めるようにします。

例えば、英語のワークはどこからどこまで何ページ分あるか、国語の漢字はプリントが何枚あるかなど、やることをすべて書き出して一覧（やることリスト）にします。提出しなければいけないものは、期限までに終えられるか逆算して、どれくらいのペースで進めればよいかもわかるようにしましょう。

また、予定をこなして終わりにするのではなく、自分でテストをしてみるなどして、どれくらい理解したか必ず確認（かくにん）するようにしましょう。

テスト勉強の計画の立て方とポイント

ポイント1
勉強する時間ではなく内容で計画を立てる

ポイント2
どんな内容をやればよいか一覧（やることリスト）にする

ポイント3
提出期限があるものは、どれくらいのペースで進めるかもわかるようにしておく

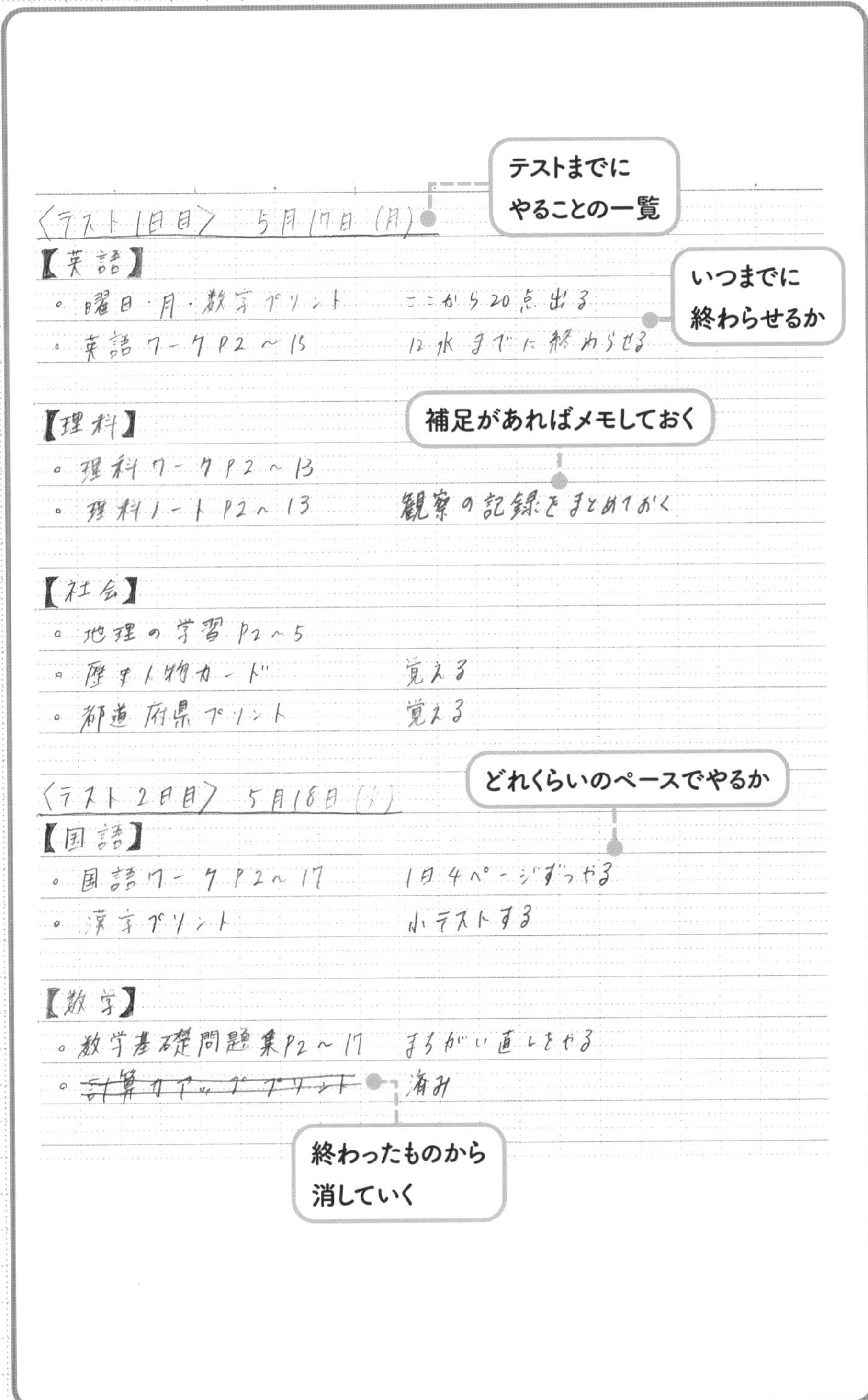
テストまでにやることの一覧
〈テスト1日目〉 5月17日(月)
【英語】
・曜日・月・数字プリント　ここから20点出る
いつまでに終わらせるか
・英語ワークP2〜15　12水までに終わらせる
【理科】
補足があればメモしておく
・理科ワークP2〜13
・理科ノートP2〜13　観察の記録をまとめておく
【社会】
・地理の学習P2〜5
・歴史人物カード　覚える
・都道府県プリント　覚える
どれくらいのペースでやるか
〈テスト2日目〉 5月18日(火)
【国語】
・国語ワークP2〜17　1日4ページずつやる
・漢字プリント　小テストする
【数学】
・数学基礎問題集P2〜17　まちがい直しをやる
・~~計算力アッププリント~~　済み
終わったものから消していく

成績アップ

⑦ノートで小テストをする1

一問一答形式で英語の単語・熟語を覚える

英単語や熟語は小テストをつくって覚えるようにしよう

中学校に入って最初に困るのが英語の勉強法です。単語や熟語をどうやって覚えたらよいかわからないという人が大半でしょう。特に1年生の人は、1学期に曜日や月、数字、疑問詞などの単語や熟語の小テストで苦労する人が少なくありません。

そこで、次のようにノートにテストをつくって、まちがえなくなるまでくり返しやってみるようにしましょう。

英単語・熟語の小テストのやり方

1. ノートを半分に仕切る
2. 左側に問題（日本語）、右側に答え（単語や熟語）を書く
3. 右側をかくしながら問題を読んで答えを言う

教科書に載（の）っている単語や熟語を全部テストする必要はありません。学校の小テストに出る単語・熟語だけをノートに書いて、くり返しテストしてみましょう。

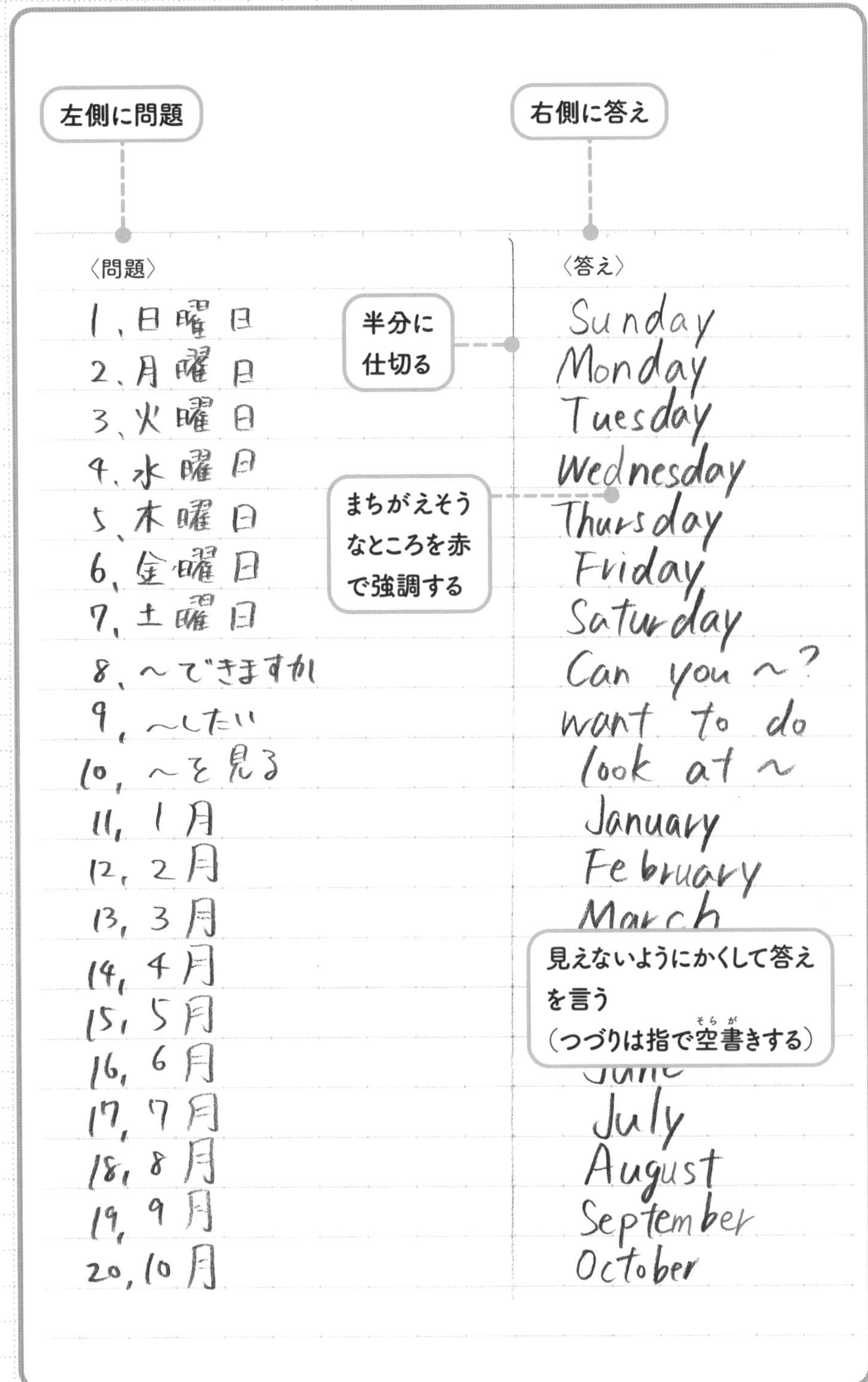

左側に問題
右側に答え
〈問題〉
1、日曜日
2、月曜日
3、火曜日
4、水曜日
5、木曜日
6、金曜日
7、土曜日
8、～できますか
9、～したい
10、～を見る
11、1月
12、2月
13、3月
14、4月
15、5月
16、6月
17、7月
18、8月
19、9月
20、10月
半分に仕切る
まちがえそうなところを赤で強調する
〈答え〉
Sunday
Monday
Tuesday
Wednesday
Thursday
Friday
Saturday
Can you ～?
want to do
look at ～
January
February
March
見えないようにかくして答えを言う
（つづりは指で空書きする）
July
August
September
October

成績アップ ⑧ノートで小テストをする2

一問一答形式で国語の漢字を覚える

漢字も小テストをつくって覚えるようにする

中学校でも小学校と同じく漢字のテストがあります。多くの学校では定期テストといっしょに漢字テストをしますが、テストのたびにすべての漢字を何回も書いて覚えるのは大変です。

そこで、ワークやプリントなどをやってまちがえた漢字や覚えにくそうな漢字だけを小テストにして、覚えるようにしましょう。

漢字の小テストのやり方

1. ノートを半分に仕切る
2. 左側に書けなかった漢字の読み（問題）、右側に漢字（答え）を書く
   （読めなかった漢字は、左側に漢字、右側に読みを書く）
3. おさめる（修める、納める）など、同音異義語もテストする

「頒布（はんぷ）」のように、読み方が難しい漢字は左側に漢字（問題）、右側に読み（答え）を書いてテストします。また、「おさめる」など、ひとつの読みに対しいろいろな漢字があるものも、テストするようにしましょう。

書き問題と読み問題に分けて書こう

まちがえそうな漢字や注意点を強調

〈書けなかった漢字の読み〉	〈漢字〉	
1. 学問をおさめる	修める	
2. 税金をおさめる	納める	
3. 国をおさめる	治める	
4. だぼく	打撲	撲
5. ぼうせき	紡績	績
6. せんもん	専門	専
7. はくしんの演技	迫真	
8. はさまる	挟まる	×狭
9. せいこうな模型	精巧	×功
10. 世間からかくぜつされる	隔絶される	

〈読めなかった漢字〉	〈読み〉
1. 採択	さいたく
2. 厳か	おごそ（か）
3. 背く	そむ（く）
4. 知己	ちき
5. 所望	しょもう
6. 釈放	しゃくほう
7. 境内	けいだい
8. 稼ぐ	かせ（ぐ）
9. 渇く	かわ（く）
10. 繕う	つくろ（う）

まちがえそうな読みは強調

見えないようにかくして答えを言う（つづりは指で空書き（そらがき）する）

成績アップ

⑨ノートで小テストをする3

（　）うめ形式で重要語句を覚える

理科や社会の重要語句は（　）をうめる形式でテストする

ここでは理科や社会などの重要語句の小テストのやり方を紹介します。

もちろん、これまでのように一問一答形式に（問題と答えのように）する方法もありますが、重要語句が含まれた文章を書き、覚えるべきことを（　）書きにするなど空欄にして覚えるという方法もあります。

答えは下の方など、すぐ見えないところに書いておきます。（　）が空欄のまま問題を読んで答えを言って、まちがえなくなるまでくり返しテストするようにしましょう。

理科や社会の（　）をうめる問題の例

理科

- 植物の体のつくりとはたらき
- 顕微鏡の使い方などの手順
- 蒸留などの実験の結果

社会

- 【歴史分野】歴史の流れ（年表）
- 【地理分野】地域や地形の特徴
- 日本国憲法の条文などの資料（史料）の一部

（　）をうめる形式の小テストのやり方

1. ノートに問題となる文章を書く
2. 覚えるべき語句は（　）書きにして空けておく
3. 答えはすぐに見えないところ（下の方）に書いておく
4. （　）の部分を空欄（くうらん）のまま読んで、答えを言う

覚える語句を空欄（くうらん）に

1. 植物のなかま
アブラナは（①）が子房につつまれているが、マツはむきだしになっている。アブラナのような特徴をもつ植物のなかまを（②）植物、マツのようななかまを（③）植物という。

2. 蒸留
赤ワインを加熱したとき、沸騰し始めたときは（①）の低い（②）を多く含む気体が発生する。さらに加熱を続けると、（③）を多く含む気体が発生する。

3. 日本国憲法 第（①）条
日本国民は、正義と秩序を基調とする（②）を誠実に希求し、国権の発動たる（③）と、（④）による威嚇又は（④）の行使は国際紛争を解決する手段としては、（⑤）にこれを放棄する。

【答え】
1. ①胚珠 ②被子 ③裸子
2. ①沸点 ②エタノール ③水蒸気（水）
3. ①9 ②国際平和 ③戦争 ④武力
⑤永久

答えは欄外（らんがい）に

第6章 — 成績アップ術

成績アップ ⑩ノートで資格・検定の対策を立てる

資格・検定に合格するための計画を立てよう

英検準2級に合格するための計画を立ててみよう

最近では、英検などの資格や検定を受ける人が増えています。そこで、最後に英検対策の立て方を紹介（しょうかい）したいと思います。

まず英検対策は、過去問や予想問題集を調べます。どんな問題がどのように出るかがわかったところで、どんな勉強をすればよいか考えて、ノートに書き出してみるようにしましょう。

英語は、何と言ってもまずは単語が重要です。単語帳は旺文社（おうぶんしゃ）の『英検でる順パス単』シリーズやＺ会の『速読英単語中学版』などがおすすめです。

次に、文法ですが KADOKAWA の関正生著『カラー改訂版　世界一わかりやすい英文法の授業』がおすすめです。今まで習った文法事項（じこう）を復習したり、まだ習っていない文法事項（じこう）を先取りしたりして勉強するようにしましょう。

検定の日が近づいてきたら、過去問や予想問題集などで本番を意識した練習をするとよいでしょう。

なお、1次試験に合格すると2次試験（面接）がありますので、面接対策も立てるようにしましょう。

具体的に教材名を書き出す

どれくらいのペースでやるかも書く

〈英検準2級に合格するための勉強計画〉

- 英単語
  - 速読英単語中学版 → 毎日1ページずつ読む（タイムも計る）
  - アプリ mikan → 試験までに終える
    （英検3級 → 英検準2級 → 速読英単語中学版）
- 英文法
  - 大岩のいちばんはじめの英文法（超基礎文法編）
    → 1ヶ月前までに2周やる
  - 世界一わかりやすい英文法の授業
    → 2週間前までに2周読む
- ノート
  - よく出る構文の一覧をつくる
    → 左右で分けて小テストをする
- 予想問題集（筆記）
  - 英検準2級過去問 → 試験までにやる
- 予想問題集（リスニング）
  - 英検準2級過去問 → 試験までにやる
    （1回目スクリプトを見る、2回目見ずに聴く）
  - 英語の歌を聴く → 気分転換に毎日聴く
    （歌詞カードを見ながら聴く）

いつまでにどれだけやるかも書く

弱点や気になったことをまとめる

過去問や予想問題集は必ずやる

［著者］
伊藤敏雄（いとう としお）

勉強のやり方専門塾ネクサス代表。愛知教育大学心理学教室卒、中学校教諭第一種免許状（社会科）取得。名古屋大学大学院教育発達科学研究科教育心理学専攻中退。
塾生の45.9％が5教科総合（一部3教科）で偏差値10以上アップ。「とき直し」と「ふり返り」という心理学や行動科学に基づいた効果的な勉強のやり方を、小学生から高校生までの全教科で指導する。
主な著書に『87.8％が偏差値10以上アップ！［いとう式］高校勉強法』（大和出版）、『子どもがつまずかない 教師の教え方10の「原理・原則」』（東洋館出版社）、『おもしろいほど成績が上がる 中学生の「間違い直し勉強法」増補改訂版』（エール出版社）などがある。

勉強のやり方がわかる！
中学生からの最強のノート術

2023年4月3日　初版発行

著　者　伊藤敏雄　©Ito Toshio,2023
発行者　田村正隆

発行所　株式会社ナツメ社
東京都千代田区神田神保町1-52
ナツメ社ビル1F（〒101-0051）
電話　03（3291）1257（代表）
FAX　03（3291）5761
振替　00130-1-58661

制　作　ナツメ出版企画株式会社
東京都千代田区神田神保町1-52
ナツメ社ビル3F（〒101-0051）
電話　03（3295）3921（代表）

印刷所　ラン印刷社

ISBN978-4-8163-7346-6
Printed in Japan

スタッフ
本文デザイン
阿部美樹子

本文イラスト
福田玲子

校正
株式会社ヴェリタ

編集協力
株式会社キャデック

編集担当
ナツメ出版企画株式会社
（齋藤友里）